AF288619

Doppel-Klick 8

Differenzierende Ausgabe

Das Arbeitsheft Basis

Erarbeitet von
Grit Adam, Kathleen Breitkopf, Ulrich Deters,
Dirk Hergesell, Rainer Schremb, Britta Wurst-Falck

Unter Beratung von
Andrea Hüttig
und August-Bernhard Jacobs

Inhaltsverzeichnis

Grammatik

Der Kompetenztest

Wissenswertes auf einen Blick

Arbeitstechniken findest du in den Klappen
und auf der vorderen inneren Umschlagseite.

Z Hier findest du zusätzliche Aufgaben
    zum Weiterarbeiten.

Die Aufgabentypen
Mit den Übungen und Aufgaben dieses Arbeitsheftes
werden die schriftlichen Aufgabentypen des
Kernlehrplanes Nordrhein-Westfalen erarbeitet;
insbesondere:

Schriftlicher Aufgabentyp 2 a) und b):
auf der Basis von Materialien oder Beobachtungen
sachlich berichten und beschreiben
➤ S. 8–16, 22, 23, 25, 92

Schriftlicher Aufgabentyp 3:
Eine Argumentation zu einem Sachverhalt verfassen
➤ S. 26–31

Schriftlicher Aufgabentyp 4 a):
Literarische Texte aufgabengeleitet untersuchen
➤ S. 32–45

Schriftlicher Aufgabentyp 4 b):
Sachtexte fragengeleitet und aufgabengeleitet
untersuchen
➤ S. 4–7, 8–16, 86–89

Schriftlicher Aufgabentyp 5:
Texte nach vorgegebenen Kriterien überarbeiten
➤ S. 14, 18, 22, 24, 25, 29, 31, 38, 66, 74, 92

Schriftlicher Aufgabentyp 6:
Texte nach Textmustern verfassen
➤ S. 39–41, 45

Sachtexte erschließen

Du liest einen Text und entnimmst ihm wichtige Informationen.
Im Anschluss schreibst du eine kurze Zusammenfassung.

Bilder und Überschriften sagen dir schon viel, bevor du
mit dem Lesen beginnst.

1 Schreibe in einem Satz auf, worum es in dem Text vermutlich geht.
Begründe deine Vermutung. Schreibe in dein Heft.

Du überfliegst den Text.

2 **a.** Lies in den ersten zwei Absätzen die hervorgehobenen Wörter.
b. Decke den Text ab. Woran erinnerst du dich?
Schreibe diese Wörter und Wortgruppen in dein Heft.

3 Überfliege die weiteren Absätze des Textes.
Was kennst du schon? Markiere Wörter, die dir auffallen.

Textknacker Schritt 1:
Vor dem Lesen
– Bilder
– Überschrift
– Form

Textknacker Schritt 2:
Den Text überfliegen
– Was fällt dir auf?
– Was kennst du schon?

Energie aus dem Meer – Ulrich Grünewald

Die gewaltige Energie, die hinter der Kraft des Meeres steckt, ist schon so manchem Küstenbewohner zum Verhängnis geworden. Doch diese Energie ist nicht nur zerstörerisch, sie kann auch genutzt werden, zum Beispiel zur Stromgewinnung. Strom aus dem Meer – gewonnen aus der Kraft
5 **der Gezeiten und Wellen. Experten sehen darin ein großes Potenzial.**

Gezeitenkraftwerk

Bereits im **11. Jahrhundert** wurde die Kraft des Tidenhubs[1] in **Gezeitenmühlen**
in England und Frankreich genutzt. Und im Jahr **1897** wurde in Frankreich
das erste Mal **elektrischer Strom** mithilfe von **Turbinen**[2] und Generatoren[3]
gewonnen, angetrieben durch **Ebbe und Flut**.
10 Rund 20 Jahre später entstanden die Pläne für ein erstes Gezeitenkraftwerk an
der Mündung des französischen Flusses Rance bei St. Malo in der Normandie.
Die Bucht ist mit einem Tidenhub von bis zu zwölf Metern besonders geeignet.
Es dauerte allerdings noch bis Dezember **1967**, bis das erste **Gezeitenkraftwerk**
der Welt in Betrieb ging. Das Prinzip ist einfach. Ein 750 Meter langer **Damm**
15 trennt die **Bucht** vom offenen **Meer** ab. Das Wasser kann nur durch **24 Rohr-
turbinen** auf die andere Seite gelangen. Die Turbinen erzeugen den Strom
sowohl beim Einlaufen des Wassers (Flut) als auch beim Auslaufen (Ebbe).
Je nach Strombedarf kann das Ablaufen leicht verzögert werden. Insgesamt
erzeugt das Kraftwerk eine Leistung von **240 Megawatt**[4]. Weltweit gibt es
20 nur einige wenige, meist kleinere Anlagen mit rund einem Megawatt.

Der Damm bei St. Malo mit
dem Gezeitenkraftwerk
rechts im Bild

1 der Tidenhub: der Unterschied in der Höhe zwischen Hoch- und Niedrigwasser
2 die Turbine: Eine Turbine wandelt Fließenergie in Drehenergie um.
3 der Generator: wandelt die Drehenergie, z. B. einer Turbine, in elektrische Energie um
4 Ein Megawatt (MW) entspricht 1000 Kilowatt (KW) oder 1 000 000 Watt.

Meeresströmungskraftwerk

Energie lässt sich jedoch nicht nur durch die Nutzung des Tidenhubs gewinnen. Denn dass das Meer bei Flut höher steht, bedeutet nicht, dass es dort angehoben wird, jedenfalls nicht in dem Sinne, wie man einen Eimer Wasser vom Boden anheben würde. Das Wasser des Meeres wird durch die Gezeitenkräfte von

25 einem Ort zu einem anderen gezogen. Dort, wo es wegfließt, herrscht Ebbe, dort, wo es hinfließt, Flut. Es entstehen Strömungen. Und diese können ebenso zur Stromgewinnung genutzt werden. Vor der Küste Großbritanniens entstand das erste Meeresströmungskraftwerk der Welt. Das deutsch-britische Pilotprojekt trägt den Namen „Seaflow". Es sieht aus wie eine Windkraftanlage unter Wasser

30 und funktioniert auch fast genauso. Der Unterschied: Statt des Windes, also der Strömung der Luft, wird die Gezeitenströmung des Wassers genutzt. Seit der Inbetriebnahme 2003 musste „Seaflow" ständig verbessert werden. Zum Beispiel war die Meeresströmung geringer als erhofft. Auch stellte der Unterwasserbetrieb extreme Anforderungen an die Materialien.

35 Im Jahr 2008 ging „Seaflows" Nachfolger „Seagen" vor der Küste Nordirlands in Betrieb. Mit seinen zwei Turbinen produziert das Meeresströmungskraftwerk, anders als sein Vorgänger, tatsächlich Strom. Die Leistung beträgt 1,2 Megawatt, womit gut 1000 Haushalte versorgt werden können.

Ein Meeresströmungskraftwerk

Wellenenergie

Das Wetter ist zwar ein unvorhersehbarer Faktor, es ist jedoch entscheidend

40 bei einer weiteren Form des Energietransports im Meer: der Wellenenergie. Um diese Energie zu nutzen, gibt es verschiedene Ansätze. Einer der ältesten ist das Prinzip der schwingenden Wassersäule. Das ständige Auf und Ab des Wassers treibt dabei in einer Art Kamin eine Luftsäule an. Wie in einer Luftpumpe wird bei ansteigendem Wasser die Luft nach oben durch

45 eine Turbine gedrückt. Beim Absinken des Wassers wird die Luft durch die Turbine angesogen. Eine ausgeklügelte Technik sorgt dafür, dass sich die Turbine in beiden Fällen immer in dieselbe Richtung dreht. Dadurch werden Reibungsverluste vermieden. Der erste Prototyp eines Wellenkraftwerks ist im November 2000 an der Westküste Schottlands in Betrieb gegangen und liefert

50 eine Spitzenleistung von 500 Kilowatt.

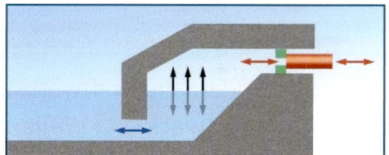

Funktionsweise des Wellenkraftwerks Limpet

Lösung des weltweiten Energieproblems?

Der Energievorrat, der in den Gezeiten steckt, ist zwar riesig, lässt sich jedoch nur selten wirtschaftlich nutzen. Um zum Beispiel ein Gezeitenkraft betreiben zu können, benötigt man mindestens einen Tidenhub von fünf Metern sowie eine geeignete Bucht. Weltweit gibt es schätzungsweise nur wenige Dutzend

55 solcher Stellen. Insgesamt ließen sich rein rechnerisch zwölf Gigawatt (ein Gigawatt = eine Milliarde Watt) Strom erzeugen. Damit könnten gerade mal zehn Kohlekraftwerke ersetzt werden.
Außerdem steht die Energie nicht kontinuierlich zur Verfügung, die Spitzenlast verschiebt sich ebenso wie die Hoch- und Niedrigwasser von Tag zu Tag. Es

60 müssten daher Möglichkeiten zur Speicherung der Energie geschaffen werden. Das Problem der kontinuierlichen Energiegewinnung tritt bei den Wellenkraftwerken noch verstärkt auf, da bei diesen das Wetter eine entscheidende Rolle spielt. Lediglich ein Strömungskraftwerk liefert jederzeit gleich viel Energie und ist unabhängig vom Wetter. Allerdings gibt es erst wenige Pilotanlagen.

65 In der Kombination verschiedener Meereskraftwerke sehen die Experten gleichwohl einen wichtigen Beitrag zur Versorgung mit erneuerbaren Energien. Im Vergleich zu Wind, Sonne und Biomasse steht die Nutzung der Energie aus dem Meer aber noch am Anfang.

Beim genauen Lesen erkennst du wichtige Informationen.

4 a. Lies die einzelnen Absätze des Textes genau.

b. Welches gemeinsame Thema haben die drei mittleren Absätze? Kreuze an.

☐ die zerstörerische Kraft des Meeres

☐ unterschiedliche Kraftwerkstypen, die Meeresenergie nutzen

☐ die Energie, die in den Gezeiten steckt

c. Was ist das Besondere am ersten Absatz? Schreibe einen Satz auf die Linie. Du kannst eine Wortgruppe vom Rand verwenden.

_____

Textknacker Schritt 3:
Beim genauen Lesen
– Überschrift
– Absätze
– Schlüsselwörter
– Unbekannte Wörter

stellt Fragen,
führt in das Thema ein,
nimmt Stellung

5 Schreibe Erklärungen für die folgenden Wörter in dein Heft.

– Manche Wörter kannst du dir aus dem Textzusammenhang erklären.

– Nutze auch die Fußnoten im Text oder schlage die Wörter nach.

der Tidenhub (Z. 6), das Gigawatt (Z. 55), die Turbine (Z. 36), der Generator (Z. 8), kontinuierlich (Z. 61), die Pilotanlage (Z. 64), die Kombination (Z. 65)

Starthilfe
Tidenhub nennt man den Höhenunterschied …

6 a. Sieh dir die Bilder zum Text genau an und lies die Bildunterschriften.

b. Erkläre die Kraftwerkstypen **Gezeitenkraftwerk**, **Meeresströmungskraftwerk** und **Wellenkraftwerk**. Schreibe in dein Heft.

Starthilfe
Für ein Gezeitenkraftwerk wird eine Bucht vom Meer mit …

7 Im zweiten Absatz sind bereits Schlüsselwörter hervorgehoben.

a. Markiere selbst Schlüsselwörter in den weiteren Absätzen.

b. Worum geht es? Schreibe zu jedem Absatz Stichworte in dein Heft.

Starthilfe
1. **Einleitung:** Strom aus dem Meer, …

Mithilfe von Fragen kannst du dein Textverständnis überprüfen.

8 a. Schreibe zu jedem Absatz des Textes zwei eigene Fragen in dein Heft.

b. Beantworte deine eigenen Fragen schriftlich.

9 Beantworte die folgenden Fragen in ganzen Sätzen. Schreibe in dein Heft.

a) Wie groß ist der Tidenhub in der Mündung der Rance bei St. Malo?

b) Wodurch wird diese Bucht vom Meer getrennt?

c) Welche Leistung hat das Gezeitenkraftwerk bei St. Malo?

d) Wie sieht das Meeresströmungskraftwerk „Seaflow" aus?

e) Wo ist im Jahr 2000 ein Wellenkraftwerk in Betrieb gegangen?

Starthilfe
Frage a) Der Tidenhub in der Mündung der Rance bei St. Malo …

In einer Zusammenfassung gibst du den Inhalt des Textes kurz wieder.

10 Schreibe eine Zusammenfassung des Textes.

Textknacker Schritt 4:
Nach dem Lesen
Mit dem Inhalt arbeiten

☒ Weiterführendes: Ein Schaubild erschließen

Du erschließt ein Schaubild zu einem Gezeitenkraftwerk.

Das Funktionsprinzip eines Gezeitenkraftwerkes

Phase 1
– Staubecken ist leer
– Flut steigt an
– Turbinenleitungen sind geschlossen

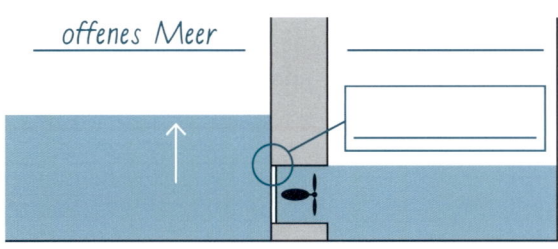

Phase 2
– Flut hat Maximum erreicht
– Turbinenleitungen werden geöffnet
– Wasser strömt ein
– Turbine wird angetrieben: **Strom wird erzeugt**

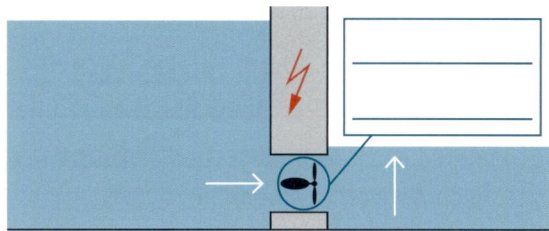

Phase 3
– Staubecken ist gefüllt
– Flut sinkt ab
– Turbinenleitungen sind geschlossen

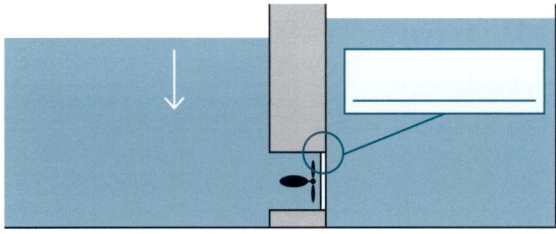

Phase 4
– Ebbe ist erreicht
– Turbinenleitungen werden geöffnet
– Wasser strömt aus
– Turbine wird angetrieben: **Strom wird erzeugt**

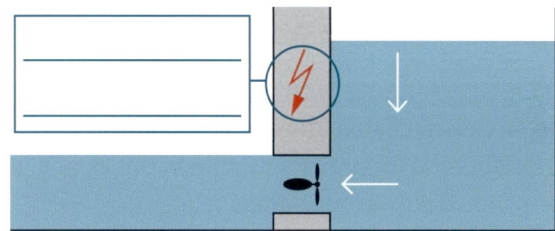

1 **a.** Sieh dir das Schaubild an und lies die Stichworte zu den vier Phasen.
b. Beschrifte die Grafik an passenden Stellen mit den folgenden Wortgruppen.

offenes Meer, Verschluss (2 x), das Kraftwerk, Staubecken, Turbine läuft

2 Welche Dinge sieht man auf **allen** vier Bildern des Schaubilds?
Schreibe Strichworte auf die Linie.

das offene Meer,

3 Beantworte die Fragen mithilfe des Schaubilds. Schreibe in dein Heft.
a) Wodurch staut sich das Wasser auf einer Seite des Damms?
b) Wann genau werden die Turbinenleitungen geöffnet?

4 Ergänze die folgende Beschreibung der Phasen 1 und 2. Schreibe in dein Heft.

Wenn das ▢ leer ist und die ▢ ansteigt, werden in Phase 1 die ▢
geschlossen. Sobald die Flut ihr ▢ erreicht hat, beginnt Phase 2 und die ▢
werden geöffnet. Dann strömt das ▢ in das ▢. Dabei wird die ▢ in der
▢ angetrieben und es wird ▢ erzeugt.

5 **a.** Beschreibe das Funktionsprinzip eines Gezeitenkraftwerks
in einem kurzen Sachtext.
– Nenne in einem Einleitungssatz den Titel und die Art der Grafik.
– Beschreibe die Vorgänge für jede einzelne Phase.
– Verwende Fachwörter aus dem Schaubild und schreibe im Präsens.
b. Ist deine Beschreibung auch ohne das Schaubild verständlich?
Überprüfe deinen Text mithilfe einer Person, die das Schaubild nicht kennt.

> **Starthilfe**
>
> **So funktioniert ein Gezeitenkraftwerk**
> Wie ein Gezeitenkraftwerk Energie erzeugt, kann man …

Einen informativen Text schreiben

Mit den Materialien schreibst du einen informativen Text zum Thema **Windenergie**. Zuvor liest du die Materialien mithilfe des Textknackers.

➤ Die Arbeitstechnik „Der Textknacker" findest du in der vorderen Klappe.

Zuerst überlegst du, was du schon über das Thema weißt.

vor dem Lesen

1 Was weißt du über die Windenergie? Schreibe Stichworte in dein Heft.

Du überfliegst die Materialien.

das Material überfliegen

2 Überfliege die Materialien 1 bis 5 auf den Seiten 8–10. Worum geht es jeweils? Schreibe zu jedem Material einen Satz in dein Heft.

3 Welches Material passt nicht zum Thema **Windenergie**? Begründe deine Antwort in einem Satz.

Die Grafik _____

_____

Material 1
Energie der Zukunft: Watt aus dem Meer – Frank Dohmen

Die Energieversorgung in Deutschland steht vor einer entscheidenden Wende. In den nächsten Monaten und Jahren werden vor den Küsten große Offshore-Windparks[1] entstehen, mit denen gewaltige Mengen Öko-strom[2] produziert werden sollen.

5   Es ist nass, kalt und unwirtlich an diesem Morgen im ostfriesischen Städtchen **Emden**. Die Nebelschwaden beginnen nur langsam aufzureißen. Das Schlimmste aber ist die Windstille. „Hoffentlich laufen sie überhaupt", sagt **Projektleiter Wilfried Hube** mit einem besorgten Blick. Dann zieht er die Gurte seiner Schwimmweste fest und klettert in den **Hubschrauber**. Im Tiefflug geht
10 es Richtung Küste, vorbei an den Inseln Juist und Borkum direkt auf die **Nordsee**. Dort, mitten im Meer, liegt das Ziel des kurzen Flugs: **Alpha Ventus**, der erste und bislang einzige deutsche **Offshore-Windpark**. Winzig klein zunächst zeichnen sich die Konturen am Horizont ab. Doch mit jedem Kilometer, den man sich nähert, werden die **gigantischen Ausmaße** des Projekts deutlicher.
15 Auf einer Fläche von etwa **vier Quadratkilometern** – das entspricht der Größe von ungefähr 500 Fußballfeldern – ragen insgesamt **zwölf Windturbinen** aus dem eisigen Wasser. Jede einzelne ist mit rund **150 Metern so hoch** wie der Kölner Dom und mit **1000 Tonnen** so schwer wie 25 voll beladene Sattelschlepper.
20 Als der Hubschrauber sich langsam auf die nahe gelegene Versorgungsplattform senkt, drehen sich die **Rotoren**[3] aller Anlagen langsam im aufgefrischten Wind. Hube wirkt erleichtert. Und das nicht nur, weil ein Offshore-Park ohne Wind immer auch einen trostlosen Eindruck bei Besuchern hinterlässt. Fast unbemerkt von der Öffentlichkeit hat der Projektleiter vor wenigen Tagen
25 mithilfe von Tauchertrupps die letzten **Unterwasserkabel anschließen** können. Seitdem fließt mit jeder Rotorenbewegung **Strom** aus der Nordsee **Richtung Festland** – und das in gewaltigen Mengen. Mindestens **220 Gigawattstunden**[4]

Der Windpark Alpha Ventus in der deutschen Nordsee

---

1 der Offshore-Windpark: ein Windpark, der im Meer liegt (offshore: englisch für „vor der Küste"). Ein Windpark ist eine Ansammlung von Windenergieanlagen, d. h. von Windturbinen.
2 der Ökostrom: elektrische Energie, die auf umweltfreundliche Art und Weise gewonnen wird
3 der Rotor: der sich drehende Teil einer Maschine (hier: die Windflügel)
4 eine Gigawattstunde: 1 Milliarde Wattstunden

Energie wird Alpha Ventus Jahr für Jahr in das **Stromnetz** einspeisen. Das reicht aus, um **50 000 Haushalte** zu versorgen.

30 In den **kommenden Monaten und Jahren** sollen vor den deutschen und europäischen Küsten **weitere riesige Offshore-Anlagen** entstehen und enorme Mengen Strom in die Netze auf dem Festland einspeisen. Es herrscht Goldgräberstimmung. „In der Branche wird der Offshore-Windmarkt als der wesentliche Wachstumsbereich bei den erneuerbaren Energien in 35 unseren Regionen angesehen", sagt Frank Mastiaux, der beim Stromriesen E.on für das Aufgabenfeld zuständig ist.

Auch die Politik schöpft **Hoffnung**. Mit den Offshore-Windparks scheint die Vision von einer **umweltschonenderen Energieversorgung** mit geringerer Abhängigkeit von Kohle, Gas und Öl endlich greifbar.

Material 2

Strommix in Deutschland:

Bruttostromerzeugung nach Energieträgern 2009

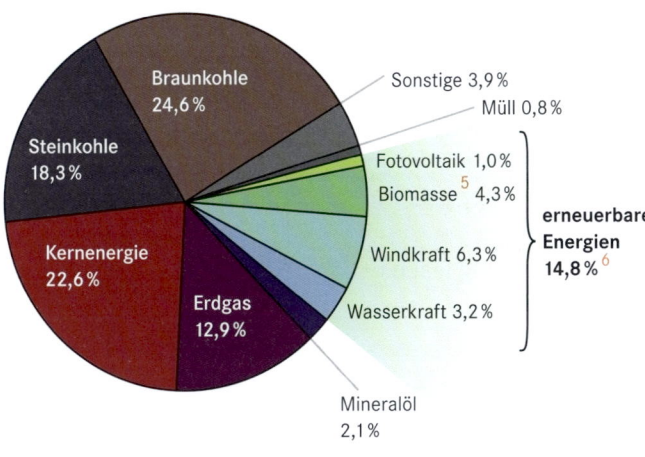

Material 3

Prognose:[7] Stromversorgung in Deutschland 2020
Gesamt 595 TWh[8]

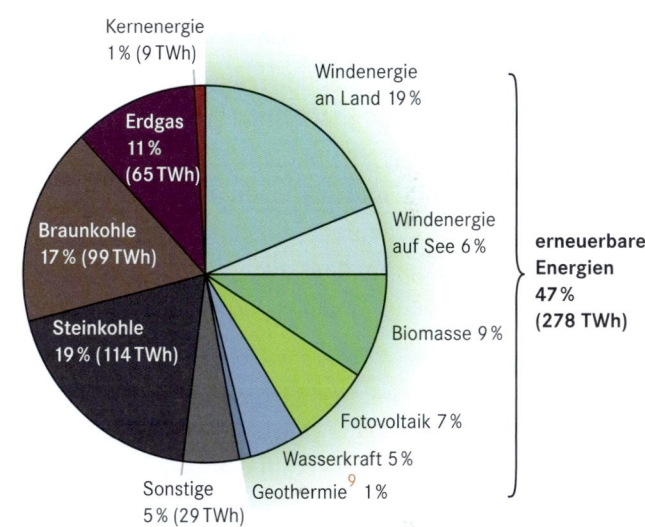

Material 4

Moderne Solarkraftwerke:

So funktioniert ein Parabolrinnenkraftwerk:

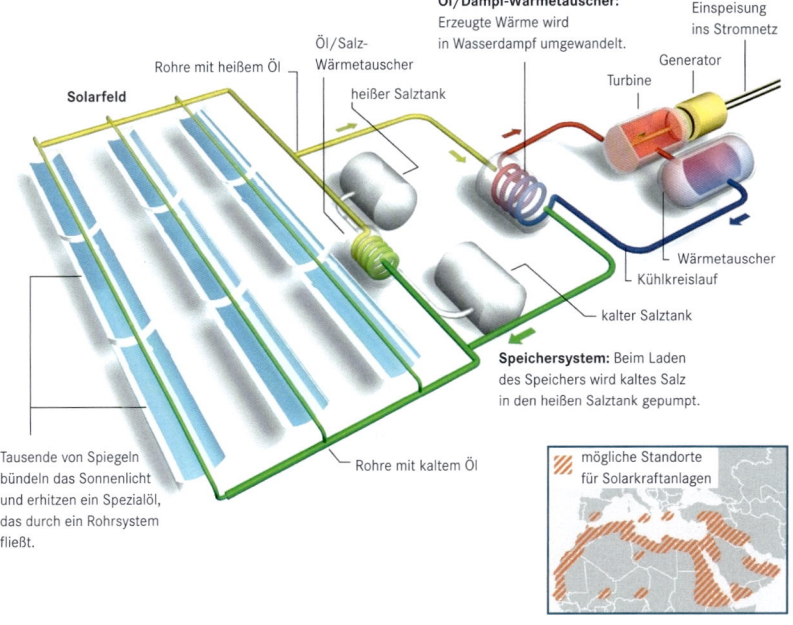

5 die Biomasse: pflanzliche und tierische Produkte, die zur Energiegewinnung dienen, z. B. Holz oder Biogas

6 Für die erneuerbaren Energien wird oft auch ein Anteil von gut 16 % angegeben. Dabei wird z. B. die Müllverbrennung mitgezählt.

7 die Prognose: die Voraussage

8 TWh: die Terawattstunde: 1 Milliarde Kilowattstunden oder 1 Billion Wattstunden

9 die Geothermie: die in der Erde als Erdwärme gespeicherte Energie

Material 5

- *Windenergieanlagen verändern das Landschaftsbild.*
- *Sie stoßen keine Schadstoffe wie Kohlendioxid, Stickoxide und Schwefeldioxid aus – anders als konventionelle Stromerzeugung in Kraftwerken.*
- *Der Wind ist keine zuverlässige Energiequelle. Wind ist nicht immer am richtigen Ort in der richtigen Stärke vorhanden.*
- *Windenergie lässt sich nicht speichern. Deshalb muss sie vor Ort in transportfähigen elektrischen Strom umgewandelt werden.*
- *Keine Form der Energiegewinnung braucht so wenig Platz wie die Windenergie.*
- *Die Windkraft ist billig, reichlich vorhanden und erneuerbar.*

Zu den Materialien 1 bis 5 bearbeitest du den folgenden Arbeitsauftrag:

Dein Arbeitsauftrag

Schreibe für die Schülerzeitung einen informativen Text zum Thema „Windenergie" am Beispiel von Alpha Ventus. Stelle dabei den Anteil der Windenergie am heutigen und am zukünftigen Energieverbrauch dar.
- Verwende Informationen aus den Materialien 1 bis 5.
- Erkläre in deinem Text schwierige Begriffe und Sachverhalte. Denke daran, dass auch Schüler der Klasse 5 die Schülerzeitung lesen.
- Schreibe im Präsens und vermeide wörtliche Rede.

4 **a.** Lies deinen Arbeitsauftrag.
b. Markiere die Aufforderungsverben (Operatoren) in dem Arbeitsauftrag.
c. Was genau sollst du tun? Schreibe in dein Heft.

Starthilfe

Ich soll einen informierenden Text zum Thema „Windenergie" schreiben. ...

Du liest die Materialien genau, bevor du den Arbeitsauftrag bearbeitest. beim genauen Lesen

5 **a.** Lies die Texte und die Beschriftungen der Grafiken genau.
b. Welche Wörter verstehst du nicht? Markiere sie.
c. Erkläre die Wörter aus dem Textzusammenhang oder mithilfe eines Lexikons oder einer Suchmaschine. Schreibe die Bedeutungen in dein Heft.

Starthilfe

die Konturen – die Umrisse, ...

6 Ordne die Wörter mit Linien ihren Erklärungen zu.

offshore	umweltfreundlich gewonnene elektrische Energie
der Ökostrom	eine Milliarde Wattstunden
die Rotoren	eine Vorhersage
die Gigawattstunde	in der Erde gespeicherte Wärme
die Prognose	pflanzliche und tierische Rohstoffe zur Energieerzeugung
die Geothermie	vor der Küste, auf offener See
die Biomasse	die sich drehenden Teile einer Maschine

Das Textverständnis überprüfen

Du überprüfst, ob du die Materialien genau gelesen und verstanden hast.

1 Beantworte die Fragen zu **Material 1** in ganzen Sätzen.

A Wie heißt der erste deutsche Offshore-Windpark und wo liegt er?

_____

B Was soll an den deutschen und europäischen Küsten entstehen und wozu?

_____

2 Ergänze wichtige Informationen in Zahlen zu Alpha Ventus.

Größe: _____ Anzahl der Turbinen: _____

Anzahl der mit der Energie versorgten Haushalte: _____

3 Welche Energiequellen werden in den Materialien angegeben? Schreibe auf.

Erneuerbare Energien: _Windenergie,_ _____

Nicht erneuerbare Energien: _Erdgas,_ _____

Kreuze in den Aufgaben 4 bis 7 zu den Materialien 2 und 3 jeweils die eine richtige Auswahl an.

4 2009 betrug der Anteil der erneuerbaren Energien an der Stromproduktion ...
☐ **a)** ... 90,5 %. ☐ **b)** ... 14,8 %. ☐ **c)** ... 9,5 %. ☐ **d)** ... 99,5 %.

5 Der Anteil der Windenergie an der Stromproduktion 2009 betrug ...
☐ **a)** ... 6,3 %. ☐ **b)** ... 0,9 %. ☐ **c)** ... 1,6 %. ☐ **d)** ... 9,5 %.

6 2020 soll Windenergie folgenden Anteil an der Stromversorgung haben:
☐ **a)** 6 % ☐ **b)** 19 % ☐ **c)** 25 % ☐ **d)** 47 %

7 Um was für eine Grafik handelt es sich bei Material 2?
☐ **a)** Kurvendiagramm ☐ **b)** Pfeildiagramm ☐ **c)** Kreisdiagramm

8 Kreuze zwei richtige Aussagen an.
☐ **a)** Wind gibt es überall und zu jeder Zeit.
☐ **b)** Windenergie ist umweltfreundlich und erneuerbar.
☐ **c)** Die Erzeugung von Windenergie braucht weniger Platz am Boden als andere Formen der Energiegewinnung.
☐ **d)** Bei Windenergieanlagen gibt es einen großen Schadstoffausstoß.

9 Wie verändert sich der Anteil der erneuerbaren Energien von 2009 bis 2020?
a. Kreuze drei richtige Zahlenreihen am Rand an (für erneuerbare Energien insgesamt, für Windkraft und für Wasserkraft).
b. Beschreibe die Steigerung des Prozentanteils in ganzen Sätzen im Heft.

2009	2020	Steigerung	
6,3 %	19 %	+ 12,7	☐
3,2 %	5 %	+ 1,8	☐
14,8 %	47 %	+ 32,2	☐
47 %	14,8 %	– 32,2	☐
6,3 %	25 %	+ 18,7	☐

> **Starthilfe**
>
> Der Anteil der erneuerbaren Energien an der Stromversorgung wird von 2009 bis 2020 voraussichtlich von ...

10 Warum muss Windenergie vor Ort in Strom umgewandelt werden?
Beantworte die Frage in ganzen Sätzen in deinem Heft.

Den eigenen Text planen und schreiben

Du planst deinen Text, indem du zum Beispiel Fragen auswählst.

nach dem Lesen

1 **a.** Wähle bei jeder Frage von 1 bis 4 nur eine geeignete Frage aus.
Streiche dazu jeweils die anderen zwei Fragen.
Beachte dabei deinen Arbeitsauftrag auf Seite 10.

b. Notiere zu jeder Frage Stichworte und Zahlen aus den Materialien 1 bis 5.
Du kannst die Wörter und Wortgruppen vom Rand verwenden.

Frage 1: ~~Wer ist Frank Dohmen?~~ Was ist Windenergie? ~~Was ist Ökostrom?~~

erneuerbare Energie,

_____

_____

_____

Frage 2: Was passiert in Emden? Wer ist Projektleiter? Was ist Alpha Ventus?

_____

_____

_____

Frage 3: Welchen Beitrag leistet Windenergie im Jahr 2009 und im Jahr 2020? Wie wird Strom in der Wüste hergestellt? Welche Zukunft hat Kernenergie?

_____

_____

_____

Frage 4: Welche Vor- und Nachteile hat die Nutzung von Windkraft? Welche Schadstoffe entstehen durch Wind? Wie entsteht Windenergie?

_____

_____

_____

_____

erneuerbar,
Wende,
Energieversorgung,
Windturbinen,
Nordsee,
Ökostrom,
Offshore-Windpark,
Windenergieanlagen,
Ansammlung,
2009,
Anteil der erneuerbaren Energien,
Prognose,
2020,
Vorteile,
Nachteile,
Schadstoffe,
Platz,
billig,
reichlich vorhanden,
Landschaftsbild,
zuverlässig,
Energiequelle,
speichern,
in Strom umgewandelt

Deinen Text schreibst du sachlich und verständlich.

Der Offshore-Windpark Alpha Ventus wird bei normalen Windbedingungen pro Jahr mindestens 220 Gigawattstunden Ökostrom für 50 000 Haushalte in das Stromnetz einspeisen.

2 Der Satz über der Aufgabe enthält sehr viele Informationen.
   a. Welche vier Fachwörter könntest du in einzelnen Sätzen näher erklären? Markiere diese Fachwörter.
   b. Ergänze die folgenden Erklärungen zu den Fachwörtern.

Alpha Ventus ist ein Offshore-Windpark, *also eine Ansammlung von* _____

_____

Mindestens 220 Gigawattstunden könnte Alpha Ventus pro Jahr produzieren,

das sind _____

Der Strom wird in das Stromnetz eingespeist, also _____

_____

50 000 Haushalte bekommen dann Ökostrom, das heißt _____

_____

3 Formuliere mit den Erklärungen aus Aufgabe 2 Sätze. Schreibe in dein Heft. Du kannst mehrere kurze Sätze oder Satzgefüge verwenden.

> **Starthilfe**
>
> Der Offshore-Windpark Alpha Ventus ist eine Ansammlung von Windanlagen auf offener See in der Nordsee. Der Windpark produziert pro Jahr …

Mithilfe deiner Fragen und Stichworte bearbeitest du den Arbeitsauftrag von Seite 10. Du schreibst in dein Heft.

4 Formuliere für deinen Text eine passende Überschrift. Du kannst Wörter und Wortgruppen vom Rand verwenden.

> Wind, Zukunft, heute, erneuerbare Energien, Offshore-Windparks

5 Schreibe eine Einleitung für deinen Text. Nenne darin das Thema.

6 Schreibe den Hauptteil. Beantworte jede Frage von Seite 12 in einem neuen Absatz.

> **Starthilfe**
>
> Windenergie ist eine Energie mit Zukunft. Das versteht man, wenn …

7 Fasse in einem Schlusssatz wichtige Informationen zusammen.

8 Überprüfe deinen Text mithilfe der Checkliste.

Checkliste: Einen informativen Text schreiben	ja	nein
Habe ich ausreichend viele wichtige Informationen gesammelt?	☐	☐
Habe ich die Informationen in einer sinnvollen Reihenfolge gegliedert?	☐	☐
Habe ich sachlich geschrieben?	☐	☐
Habe ich in der Einleitung das Thema meines Textes genannt?	☐	☐
Habe ich in Einleitung und Hauptteil jede persönliche Meinung vermieden?	☐	☐
Habe ich die wörtliche Rede vermieden?	☐	☐
Sind alle meine Zahlenangaben richtig?	☐	☐
Habe ich zum Schluss wichtige Informationen zusammengefasst?	☐	☐

Einen informativen Text überarbeiten

Du überarbeitest einen Text zum Thema **Windenergie**.

Die Windenergie – unsere Chance für die Zukunft

Achtung: Fehler!

Die Entwicklung der Windenergie geht ganz schön fix voran. Darüber und über
einiges mehr informiert der Text. Ich denke, für den Ausbau der erneuerbaren
Energien können wir auch mit einem veränderten Landschaftsbild leben.
Windenergie ist – das weiß doch jeder, was das ist, oder? Das ist das mit

5 der erneuerbaren Energie und so weiter.
Aus dem Text von Frank geht hervor, dass die Produktion von Windenergie
immer weiter ausgebaut wird. So wurde in der Nordsee gerade der erste deutsche Offshore-Windpark fertiggestellt, nämlich Alpha Ventus. Weitere Wind-
parks an den Küsten Europas sollen folgen.

10 Die Ausmaße des Offshore-Windparks ~~waren~~ riesig: Auf einer Fläche von etwa
vier Quadratkilometern standen neun Windturbinen. Aber am beeindruckend-
sten ist, dass der Windpark 50 000 Haushalte mit Strom versorgen kann –
natürlich nur, wenn der Wind bläst. Und das tut er auch auf See nicht immer.
„In der Branche wird der Offshore-Windmarkt als der wesentliche Wachstums-

15 bereich bei den erneuerbaren Energien in unseren Regionen angesehen", sagt
ein Unternehmen. Der Ökostrom verdrängt so langsam die Brennstoffe Kohle
und Öl. Das ist gut für die Umwelt, denn die schädlichen Abgase der Kraftwerke
wie Kohlendioxid, Stickoxide und Schwefeldioxid gelangten immer weniger
in die Luft. Der Anteil der Windkraft soll von 0,6 % im Jahr 2007 auf 25 %

20 im Jahr 2020 steigen. Das belegen zwei Grafiken.
Die Windenergie hat aber auch Nachteile. So verändern die Windanlagen
zum Beispiel das Landschaftsbild.

sind (Randnotiz bei Zeile 10)

1 **a.** Finde in der Einleitung eine persönliche Wertung. Kreise sie ein.
b. Lies in der Arbeitstechnik auf Seite 12 nach, wo eine Wertung stehen darf.
c. Zeichne mit einem Pfeil am Rand ein, wo diese Wertung stehen sollte.

2 Markiere in der Einleitung alle ungeeigneten Formulierungen.
Achte besonders auf unpassende Umgangssprache.

3 Welche Angaben zum Text von den Seiten 8 und 9 sind unvollständig?
a. Markiere zwei Stellen im zweiten Absatz, an denen wichtige Informationen
unvollständig sind.
b. Ergänze die fehlenden Informationen auf den Linien am Rand.

4 **a.** Markiere drei falsche Zahlenangaben im Text.
b. Schreibe die richtigen Angaben auf den Linien am Rand.

5 **a.** Streiche drei falsche Zeitformen im Text durch.
b. Schreibe dafür die passenden Präsensformen auf den Linien am Rand.

6 Markiere die wörtliche Rede im Text.

7 Prüfe, aus welchen Grafiken die Zahlenangaben stammen.

8 **a.** Schreibe den Text überarbeitet in dein Heft.
– Verwende dabei deine Ergebnisse zu den Aufgaben 1 bis 7.
– Beschreibe in der Einleitung, worüber dein Text informiert.
– Wandle die wörtliche Rede in indirekte Rede um.
Gib dabei auch genau an, wer diese Aussage macht.
– Ergänze die Angaben zu den Grafiken. Zitiere dabei ihre Überschriften.
b. Überprüfe deinen Text mithilfe der Checkliste von Seite 13.

Starthilfe

**Die Windenergie – unsere
Chance für die Zukunft**
Die Entwicklung
der Windenergie geht
inzwischen schnell voran. ...

☑ Weiterführendes: Eine Grafik erstellen

Strommix in Deutschland 2009

Braunkohle 24,6 %	Mineralölprodukte 2,1 %
Steinkohle 18,3 %	erneuerbare Energien 14,8 %
Kernenergie 22,6 %	Müll 0,8 %
Erdgas 12,9 %	sonstige Energieträger 3,9 %

Starthilfe

Den größten Anteil am
Strommix hatte im Jahr …

1 **a.** Lies das Zahlenmaterial oben.
   b. Beantworte die folgenden Fragen zu dem Zahlenmaterial in ganzen Sätzen.
     Schreibe in dein Heft.

   A Welcher Energieträger hatte 2009 den größten Anteil am Strommix?
   B Wie viel Prozent beträgt der Anteil nicht erneuerbarer Energien im Jahr 2009?

2 Gestalte in der Vorlage unten ein Balkendiagramm mit den Zahlen.
   – Ergänze die Prozentangaben unter der Grafik.
     Verwende für die Zahlen 10, 15, 20, 25 und 30 immer den gleichen
     Abstand.
   – Trage die Energieträger am linken Rand ein.
   – Ergänze acht Balken für die Energieträger in der richtigen Länge.
     Zeichne die Außenlinien mit Bleistift und Lineal oder Geodreieck.
   – Zeichne die Linien der Balken mit Farbstift und Lineal nach.
   – Fülle die Balken in verschiedenen Farben aus.
     Tipp: Verwende möglichst Farben, die zu den Energieträgern passen.

Energieträger   **Strommix in Deutschland 2009**

Braunkohle

5 %

Anteil in Prozent

Z **3** Schreibe zu deiner Grafik einen informativen Text.
   – Berücksichtige dabei die Arbeitstechnik auf Seite 12.
   – Achte auf abwechslungsreiche Satzanfänge.

Z **4** Wie sieht der Strommix in Deutschland heute aus?
   a. Recherchiere die aktuellen Zahlen im Internet.
   b. Zeichne ein Balkendiagramm mit den aktuellen Zahlen.

Dein Arbeitsauftrag

Schreibe einen informativen Text zum Thema **Solarenergie** für
die Schülerzeitung. Berücksichtige dabei besonders das marokkanische
Solarkraftwerk Beni Mathar.
– Verwende für deinen Text die Materialien von Seite 16 und 17.
– Sammle zuerst Stichworte in deinem Heft.
– Schreibe den Text im Präsens und vermeide wörtliche Rede.

1 **a.** Lies die Materialien auf Seite 16 und 17.
b. Wovon handeln die Materialien? Notiere Stichworte im Heft.
c. Schreibe zu jedem Material einen Satz in dein Heft.

/6 Punkte

Material 1

Marokko startet das Projekt Wüstenstrom – Daniel Wetzel

Bereits am frühen Morgen zeigt das Thermometer **34 Grad** Celsius. **Nour Eddine Fetian** lenkt den Jeep der staatlichen **Elektrizitätsgesellschaft** ONE hinter der Grenzstadt Oujda auf die N 17 Richtung Süden. Die schnurgerade Piste verliert sich am Horizont in **gleißendem Licht**. Auf beiden Seiten geht der
5 Blick in die endlose Leere des marokkanisch-algerischen Grenzlandes. Das Geschäft des Projektmanagers dreht sich um die **Energie von morgen** und deren Quelle kommt nach einer Stunde Fahrt in Sicht: eine gleißende, **40 Hektar** große Fläche aufgereihter **Parabolspiegel**[1] inmitten der **Wüste** – Beni Mathar, das **modernste Solarkraftwerk** der Welt. Fetian drosselt den Motor.
10 Das Außenthermometer des Wagens zeigt jetzt **42 Grad**.
Ain Beni Mathar – der Name der solaren **Pilotanlage**[2] ist selbst unter Energie-experten noch weitgehend unbekannt. Doch er könnte einmal in die Geschichte der europäischen Energiewirtschaft eingehen. Denn Beni Mathar steht nicht nur für den Beginn der marokkanischen **Solarrevolution**. Die Anlage ist Startpunkt
15 für eines der größten staatlichen Sonnenenergieprogramme der Welt, das schon bald zur **Energieversorgung Europas** beitragen könnte. Aus den 40 Hektar des Solarfeldes sollen nach dem Willen **König Mohammeds VI.** innerhalb der nächsten **zehn Jahre 10 000 Hektar Solarfläche** werden, die sich auf fünf Standorte in ganz **Marokko** verteilen.
20 Was in der hiesigen Pilotanlage mit einer Leistung von **20 Megawatt** getestet wird, will Mohammed bis zum Jahr **2020** auf mindestens **2 000 Megawatt** verhundertfachen – und damit so viel installierte Leistung bereitstellen wie zwei Atomkraftwerke.
Weitere 2 000 Megawatt sollen **Windkraftparks** an der stürmischen **Atlantik-**
25 **küste** Marokkos bringen – wegen der vorherrschenden Passatwinde einer der besten Windkraftstandorte. **Neun Milliarden Dollar** will die Regierung in Rabat allein für ihr **Solarprojekt** mobilisieren.
Die **Kabel nach Europa** liegen bereits: Zwei Leitungen durch die Meerenge von Gibraltar mit einer Kapazität von 1 400 Megawatt verknüpfen Marokko mit
30 dem europäischen Verbundnetz. Der **Import nordafrikanischer Solarenergie** nach Europa rückt damit früher als erwartet in greifbare Nähe.

Material 2

1 der Parabolspiegel: eine Art Schüssel zur Erzeugung von Solarenergie. Ein Parabolspiegel
 sammelt das Sonnenlicht in einem Brennpunkt und erreicht dort sehr hohe Temperaturen.
2 die Pilotanlage: eine Versuchsanlage, in der neue Erfindungen erprobt und verbessert werden

Material 3

Vorteile und Nachteile solarthermischer Kraftwerke:
- *Sonnenlicht wird mit Parabolspiegeln auf eine horizontale Glasröhre konzentriert,*
  in der Öl erhitzt wird. Über einen Wärmetauscher erzeugt das Öl Wasserdampf,
  der eine Turbine zur Stromgewinnung antreibt.
- CO_2-*freie Art der Stromerzeugung*
- *Ein Teil der produzierten Wärme kann gespeichert und auch nach Sonnenuntergang*
  zur Stromproduktion verwendet werden – ein Vorteil gegenüber der Fotovoltaik.
- *Sonneneinstrahlung in Nord- und Mitteleuropa für diese Technik nicht intensiv genug*
- *neue Leitungsnetze erforderlich*
- *verwendete Wärmespeicher aus Salz komplett zerstört, falls sie zu stark abkühlen*

2 Ergänze Zahlen zu „Beni Mathar" und den geplanten Solarkraftwerken.

/4 Punkte

2010 – Größe: _____ produzierte Energie: _____

2020 – Größe: _____ produzierte Energie:_____

3 Wie wird der Strom von Marokko nach Europa transportiert?
Beantworte die Frage in einem ganzen Satz. Schreibe in dein Heft.

/3Punkte

4 Was sind die Vorteile und Nachteile solarthermischer Kraftwerke?
Nenne mindestens zwei Vorteile und zwei Nachteile.
Schreibe in ganzen Sätzen in dein Heft.

/4 Punkte

5 Welches Material der Seiten 8 bis 10 passt zu dem Thema **Wüstenstrom**?
Begründe deine Antwort in einem Satz. Schreibe in dein Heft.

/2 Punkte

6 **a.** Schreibe drei Fragen auf, die dein Text beantworten soll.
b. Schreibe zu jeder Frage vier Stichworte oder Zahlen auf.

/6 Punkte

/12 Punkte

Fragen	Stichworte
_____ _____	_____ _____
_____ _____	_____ _____
_____ _____	_____ _____

7 Bearbeite deinen Arbeitsauftrag. Schreibe in dein Heft.
- Verwende deine Ergebnisse aus den Aufgaben 1 bis 6.
- Beantworte in deinem Text deine Fragen aus Aufgabe 6.
- Beginne für jede Antwort auf eine Frage einen neuen Absatz.
- Überprüfe dein Ergebnis mit der Checkliste von Seite 13.

/33 Punkte

Gesamtpunktzahl:

/70 Punkte

Planen, schreiben, überarbeiten: **Einen informierenden Text schreiben**

Bewerbungen und Berichte schreiben

Ein Bewerbungsschreiben verfassen

Das Bewerbungsschreiben von Jakob muss überarbeitet werden.

Jakob Müller
Bahnhofstraße 25
56789 Musterhausen
Tel. 0 91 01/12 13 14

Musterhausen, 20. 03. 2011

Firma
Malerarbeiten-KG
Parkstraße 43
56789 Musterhausen

Achtung: Fehler!

!

!

Hallo,

mit diesem Schreiben möchte ich mich für ein Betriebspraktikum in Ihrer
Firma bewerben.

!

Ich habe in den letzten Ferien zusammen mit meinem Vater unser Haus
5 renoviert und Spaß am Tapezieren bekommen. Aus diesem Grund möchte
ich den Beruf des Malers und Lackierers näher kennen lernen.
Zurzeit besuche ich die 8. Klasse der Mustertaler Gesamtschule, die ich nach
der 10. Klasse voraussichtlich mit dem Realschulabschluss verlassen werde.
Meinen Lebenslauf habe ich diesem Schreiben beigefügt.
10 Ich würde mich über eine Zusage freuen.

Ciao

!

Jakob Müller

!

1 Überprüfe das Bewerbungsschreiben.
  a. Lies das Bewerbungsschreiben und die Arbeitstechnik.
  b. Welche zwei Formulierungen im Brief sind ungeeignet? Markiere sie.
  c. Welche drei Angaben fehlen in dem Bewerbungsschreiben?
    Schreibe sie an den passenden Stellen am Rand auf.

Arbeitstechnik

Ein Bewerbungsschreiben verfassen
- Verfasse das Bewerbungsschreiben als **Brief**. Beachte dabei die
  Arbeitstechnik „Einen offiziellen Brief schreiben".
- Gib im **Betreff** an, worum es in deinem Brief geht (z. B. „Bewerbung um
  eine Praktikumsstelle"). Die Betreffzeile steht über der Anrede und wie
  eine Überschrift ohne Punkt am Ende.
- Beginne den **Hauptteil** des Schreibens mit einem Bewerbungssatz
  (z. B.: „hiermit bewerbe ich mich bei Ihnen um ...").
- Nenne in wenigen Sätzen den **Zeitraum** des Praktikums, deinen
  voraussichtlichen **Schulabschluss** und die **Gründe für dein Interesse**
  an diesem Beruf und an dieser Praktikumsstelle.
- Führe am Ende des Briefes nach der Unterschrift alle **Anlagen** zu dem
  Brief auf (Anlagen sind z. B. Zeugnisse oder ein Lebenslauf).

➤ Die Arbeitstechnik
„Einen offiziellen Brief schreiben"
findest du in der hinteren Klappe.

Du machst dir bewusst, wer das Bewerbungsschreiben zuerst liest.

2 a. Beantworte folgende Fragen zum Empfänger des Bewerbungsschreibens.
Schreibe deine Vermutungen in ganzen Sätzen in dein Heft.
– Wie viele Briefe bekommt eine Firma mit 15 Angestellten jeden Tag?
– Wer sortiert diese Briefe und wie viel Zeit hat die Person dafür?

b. Welche Angabe hilft dem Empfänger, den Brief schnell und richtig
einzusortieren? Schreibe auf die Linie.

Starthilfe

Eine Firma mit 15 Angestellten könnte täglich ungefähr ...

_____

Die Malerarbeiten-KG erhält Briefe mit unterschiedlichen Inhalten.

Frau Meier reklamiert bei der Firma, dass ihre Tür in der falschen Farbe
gestrichen wurde. Raffaela bewirbt sich bei der Firma um ein Praktikum.
Der Großhändler „Farben-GmbH" mahnt das Geld für die Rechnung 87511 an.
Für die benötigten neuen Sicherheitsleitern schicken zwölf Leiterhersteller ihre
Angebote. Das Restaurant „Regenbogen" schickt eine Bestätigung der Buchung
eines Tisches für 20 Personen für die Betriebsfeier. Eine Hausverwaltung erteilt
den Auftrag, die Fassade eines Hauses zu streichen.

3 Schreibe für die im Text genannten Briefe geeignete Betreffzeilen auf.
Verwende dafür die Wortgruppen vom Rand.

„Farben-GmbH": *Mahnung zur Rechnung 87511* _____

Raffaela: _____

Restaurant: _____

Hausverwaltung: _____

Zwölf Leiterhersteller: _____

Frau Meier: _____

> ~~Mahnung zur~~ ...,
> Auftrag für ...,
> Bewerbung um ...,
> Bestätigung des/der ...,
> Angebote über ...,
> Reklamation des/der ...

Du überarbeitest Jakobs Bewerbungsschreiben.

4 Schreibe eine geeignete Anrede und einen geeigneten Gruß für Jakobs
Bewerbungsschreiben auf. Vorschläge findest du am Rand.

Anrede: _____

Gruß: _____

> Mit freundlichen Grüßen,
> Sehr geehrte Herren,
> Mit vielen Grüßen,
> Sehr geehrte Damen
> und Herren

5 Jakob fügt seinem Bewerbungsschreiben einen Lebenslauf bei.

a. Welches Wort weist auf beigefügte Seiten zu einem Brief hin? Kreuze an.
☐ Nachsatz ☐ Anlagen ☐ Betreff ☐ PS

b. Wo steht dieser Hinweis auf den beigefügten Lebenslauf? Kreuze an.
☐ ganz oben ☐ ganz unten ☐ im Betreff ☐ im Text

6 a. Überarbeite das Bewerbungsschreiben und schreibe es auf.
Verwende dazu deine Ergebnisse zu den Aufgaben 1 bis 5.
Schreibe handschriftlich und besonders ordentlich auf ein Blatt Papier.

b. Schreibe Jakobs Bewerbungsschreiben mit dem Computer.
Kontrolliere Grammatik, Satzbau und Rechtschreibung.

c. Überprüfe deine Ergebnisse mit der Checkliste auf Seite 20.

Du verfasst ein eigenes Bewerbungsschreiben für eine Praktikumsstelle.

7 Welcher Beruf interessiert dich? Wo möchtest du ein Praktikum machen?

a. Schreibe deinen Praktikumswunsch auf.
Du kannst einen Beruf vom Rand auswählen oder einen anderen Beruf.

_____

b. Warum interessierst du dich für diesen Beruf?
Begründe dein Interesse in ein bis zwei Sätzen.

_____

_____

_____

_____

c. Bist du für diesen Beruf durch deine Fähigkeiten besonders geeignet?
Beschreibe deine besonderen Fähigkeiten in einem Satz.

_____

_____

8 Begründe dein Interesse an dieser Praktikumsstelle in einem Satz.

_____

_____

9 Denke dir Namen und Adresse deiner Praktikumsstelle aus.
Du kannst die Adresse eines dir bekannten Betriebes verwenden.

_____

_____

10 **a.** Schreibe dein Bewerbungsschreiben um eine Praktikumsstelle auf.
 – Verwende deine Ergebnisse aus den Aufgaben 7 bis 9.
 – Verwende deine Adresse und das heutige Datum.
 – Schreibe auf einen sauberen Bogen Papier.
b. Schreibe dein Bewerbungsschreiben mit dem Computer.

11 Überprüfe dein Bewerbungsschreiben mit der folgenden Checkliste.

Checkliste: Ein Bewerbungsschreiben verfassen	ja	nein
Habe ich die Adressen von **Absender** und **Empfänger** genannt?	☐	☐
Habe ich **Ort**, aktuelles **Datum** und **Anrede** verwendet?	☐	☐
Habe ich im **Betreff** mein Anliegen kurz genannt?	☐	☐
Habe ich im Hauptteil den **Zweck des Anschreibens** genannt?	☐	☐
Habe ich **den Zeitraum** des Praktikums genannt?	☐	☐
Habe ich Angaben zur **Schule** und zur **Klasse** gemacht?	☐	☐
Habe ich **Gründe** für mein Interesse an dem Beruf genannt?	☐	☐
Habe ich meine **besonderen Fähigkeiten** für den Beruf angeführt?	☐	☐
Habe ich mein **Interesse** an dieser **Praktikumsstelle begründet**?	☐	☐
Endet mein Brief mit der **Grußformel** und meiner **Unterschrift**?	☐	☐
Habe ich auf die vorgesehenen **Anlagen** hingewiesen?	☐	☐

Fachangestellte/r für Bäderbetriebe,
Krankenpfleger/in,
Anlagenmechaniker/in für Sanitär-, Heizungs- und Klimatechnik,
Kosmetiker/in,
Bankkauffrau/-kaufmann,
Rettungsassistent/in,
Kauffrau/Kaufmann im Einzelhandel,
Bürokauffrau/Bürokaufmann,
Friseur/in,
Verkäufer/in,
Medizinische/r Fachangestellte/r,
Industriekauffrau/ -kaufmann,
Fachverkäufer/in im Nahrungsmittelhandwerk,
Zahnmedizinische/r Fachangestellte/r,
Kauffrau/Kaufmann für Bürokommunikation,
Hotelfachfrau/-fachmann,
Kraftfahrzeugmechatroniker/in,
Industriemechaniker/in,
Köchin/Koch,
Elektroniker/in für Energie- und Gebäudetechnik,
Metallbauer/in,
Maler/in und Lackierer/in,
Mechatroniker/in

Einen Lebenslauf schreiben

Dem Bewerbungsschreiben fügst du deinen Lebenslauf bei.

1 Welche Angaben enthält der Lebenslauf am Rand?
  a. Kreuze die passenden Angaben an.
  b. Markiere zwei Angaben, die zusätzlich sinnvoll sein können.
  c. Streiche zwei Angaben, die auf keinen Fall nötig sind.

[X] Name	[ ] Name der Schule	[ ] Anschrift
[ ] Vorname	[ ] Telefonnummer	[ ] Unterschrift
[ ] Hobbys	[ ] Geschwister	[ ] E-Mail-Adresse
[ ] Haustiere	[ ] Staatsangehörigkeit	[ ] Sprachkenntnisse
[ ] Geburtsdatum	[ ] Schultyp	[ ] Zeiten der Schulausbildung
[ ] Schulort	[ ] Krankheiten	[ ] Namen der Eltern
[ ] Lieblingsfächer	[ ] Geburtsort	[ ] (voraussichtlicher)
[ ] Ort und Datum	[ ] Berufe der Eltern	Schulabschluss

2 Ergänze Angaben für deinen Lebenslauf auf den Linien.

Persönliche Daten

Name: _____

Vorname: _____

Geburtsdatum: _____

Geburtsort: _____

Staatsangehörigkeit: _____

Schulbildung

_____ - _____ _____

_____ - _____ _____

_____ - _____ _____

Voraussichtlicher Abschluss: _____

Besondere Kenntnisse und Interessen

Sprachkenntnisse: _____

Lieblingsfächer: _____

Hobbys: _____

3 **a.** Schreibe deinen Lebenslauf vollständig mit dem Computer.
      Denke dabei an Adresse, Ort, Datum und Unterschrift.
  b. Kontrolliere deinen Lebenslauf genau und überarbeite ihn, wenn nötig.
  c. Bringe auf deinem fehlerfreien Lebenslauf ein Foto an.

Z Wenn ein Betrieb oder eine Firma es erwartet, musst du
   einen ausführlichen Lebenslauf handschriftlich schreiben.

4 **a.** Schreibe deinen ausführlichen Lebenslauf handschriftlich.
      Lasse die Überschriften aus dem tabellarischen Lebenslauf weg.
      Mache stattdessen sinnvolle Absätze und schreibe in ganzen Sätzen.
  b. Kontrolliere deinen Lebenslauf genau und überarbeite ihn, wenn nötig.

Marina Heinemann
Heinestraße 12 • 34567 Neustadt •
Tel.: 1 23 45 67
E-Mail: Marheineke@abcdefg.de

Lebenslauf

Persönliche Daten
Name: Heinemann
Vorname: Marina
Geburtsdatum: 18. 04. 1996
Geburtsort: Neustadt
Staatsangehörigkeit: deutsch
Mutter: Stefanie Heinemann
Vater: Sven Heinemann

Schulbildung
2002–2006 Grundschule Neustadt
2006–2012 Gesamtschule Neustadt
Voraussichtlicher Abschluss:
Erweiterter Hauptschulabschluss

Besondere Kenntnisse und Interessen
Sprachkenntnisse: Englisch
            (fortgeschritten)
            Arabisch
            (Grundkenntnisse)

Lieblingsfächer: Deutsch, Sport, Erdkunde
Hobbys: Turnen (Verein), Lesen

Neustadt, 27. 2. 2011

Marina Heinemann

Einen Tagesbericht schreiben

Am ersten Praktikumstag hat Jakob sich in der Pause und nach der Arbeit Notizen für seinen Tagesbericht gemacht.

7:00 _____ Uhr

_____ Uhr

> *Tagesbericht: Praktikum Maler und Lackierer*
> *9:00 Uhr: jetzt 20 Minuten Pause*
> *7:00 Uhr: im Betrieb – Material und Zeug ins Auto,*
> *halbe Stunde später: Ausladen beim Kunden,*
> 5 *nach 10 Minuten: Folie ins Zimmer, Tapetenlöser*
> *anrühren (Tapetenlöser, Eimer, Rührstock, Folie,*
> *Kreppband, Tapeziertisch)*
> *8:00 Uhr: alte Tapete von der Wand (Pinsel, Spachtel)*
> *12:30 Uhr: Mittagspause – für mich schon Feierabend*
> 10 *nach der Frühstückspause: alte Tapete in Müllbeutel –*
> *ins Auto*
> *halbe Stunde später: Tapeziermaschine aufbauen, Kleber*
> *anrühren, beim Tapezieren helfen (Kleistereimer,*
> *Tapetenroller, Pinsel)*
> 15 *10 Minuten vor meinem Feierabend: Zeug ins Auto*
> *Jakob Müller, Klasse 8b*

_____ Uhr

_____ Uhr

_____ Uhr

_____ Uhr

1 a. Lies die Notizen von Jakob und achte auf Zeitangaben.
   b. Schreibe zu jedem Bild die genaue Zeitangabe für den Anfang der Tätigkeit – auch auf Seite 23.

2 Welche Materialien, Werkzeuge und Geräte siehst du auf den Bildern?
   a. Markiere ihre Namen in den Notizen.
   b. Welche Materialien, Werkzeuge und Geräte fehlen in den Notizen? Markiere nur die passenden Bezeichnungen im folgenden Wortschatz.

> die Kleisterbürste, die Bohrmaschine, die Tapezierschere, der Kochlöffel, die Maurerkelle, das Tapeziermesser, der Müllbeutel, die Rohrzange

_____ Uhr

3 Ordne die Informationen aus den Notizen und Bildern in eine Tabelle ein. Die **W-Fragen** helfen dir, die Informationen zu ordnen.
  – Schreibe in die linke Spalte die jeweilige Uhrzeit im Tagesverlauf.
  – Beschreibe in der zweiten Spalte die Tätigkeit. Verwende dabei passende Präteritumformen vom Rand.
  – Liste in der dritten Spalte alle benötigten Materialien und Werkzeuge auf.

> lud(en) ein, lud(en) aus, löste(n), rührte(n) an, legte(n) aus, klebte(n), stopfte(n), schnitt(en) zu, trug(en), hatte(n), brachte(n) weg, baute(n) auf, half, machte(n)

Starthilfe

Uhrzeit (Wann?)	Tätigkeit (Wo? Was? Wie? Wohin?)	Materialien, Werkzeuge und Geräte (Womit? Was?)
7:00	Im Betrieb luden wir die Werkzeuge und Materialien ins Auto ein.	Tapeziermaschine, ...
7:30	...	...
...	...	...

4 Erkläre in Stichworten wozu die Materialien und Werkzeuge benötigt werden.

Tapezierschere: *um Tapete zuzuschneiden, z.B. an* _____

Müllbeutel: _____

Folie: _____

Einen Tagesbericht schreibst du sachlich und ohne Wertungen.

5 Die drei Sätze enthalten wertende Aussagen, die in einem Bericht nicht stehen dürfen. Streiche alle wertenden Wörter und Wortgruppen.

Der dicke Geselle war sehr nett und erklärte mir die verschiedenen Abläufe.
Das anstrengende und langweilige Tapezieren dauerte über zwei Stunden.
Ich durfte am ersten Tag nur verschiedene unwichtige Arbeiten erledigen.

Die Sätze im Bericht sollen verständlich und abwechslungsreich sein.

6 Formuliere die folgenden Sätze abwechslungsreicher. Schreibe in dein Heft.
Verwende dazu geeignete Satzanfänge, Adjektive und Adverbien.
Du kannst auch die Satzstellung verändern.

Ich legte das Zimmer mit Folie und Kreppband aus.
Ich rührte den Tapetenkleister an.
Ich reichte dem Gesellen die bestrichene Tapete an.
Ich half beim Zusammenräumen der Werkzeuge.

> Zuerst ...,
> Danach ...,
> Zum Schluss ...,
> ordentlich, gründlich,

7 **a.** Schreibe Jakobs Tagesbericht in der Ich-Form in dein Heft.
   – Lies dazu die Arbeitstechnik „Einen Bericht schreiben".
   – Nutze deine Tabelle aus Aufgabe 3.
   – Nenne alle verwendeten Materialien, Werkzeuge und Geräte.
   – Schreibe abwechslungsreich und in ganzen Sätzen.
  b. Schreibe den Tagesbericht am Computer.

> Jakob Mesimeris, Klasse 8 b
> Tagesbericht zum Praktikum
> als ...
> ...

Arbeitstechnik

Einen Bericht schreiben
Ein Bericht soll **genau** und **sachlich** geschrieben sein. Er soll **knapp**, **einfach** und **klar** sein. Er wird im **Präteritum** geschrieben.
In einem Bericht werden **W-Fragen** beantwortet:
- **Was** ist passiert?   – **Wie** kam es dazu?
- **Wo** passierte es?   – **Was** ist die Folge?
- **Wann** passierte es?   – **Was** geschah der Reihe nach?
- **Wer** war beteiligt?
Manchmal müssen auch **weitere W-Fragen** beantwortet werden, z. B. **wie** etwas gemacht wurde.

---

8 **a.** Verfasse eine Checkliste für einen Tagesbericht mit acht Punkten.
   Berücksichtige die Arbeitstechnik „Einen Bericht schreiben".
  b. Überprüfe und korrigiere den Tagesbericht mithilfe deiner Checkliste.

Checkliste: Einen Tagesbericht schreiben	ja	nein
Habe ich alle Materialien, Werkzeuge und Geräte genannt?	☐	☐
Habe ich genau und ...	☐	☐
...		

Das kann ich! – Bewerbungen schreiben

Dein Arbeitsauftrag

Überarbeite Nicoles Bewerbung für eine Praktikumsstelle im Friseursalon.
– Verfasse dafür ein neues Bewerbungsschreiben.
  Beachte dabei alle Anforderungen an einen offiziellen Brief.
  Weise darin an geeigneter Stelle auf den beigefügten Lebenslauf hin.
– Schreibe einen tabellarischen Lebenslauf für Nicole.

1 Was verlangt der Arbeitsauftrag von dir?
Beschreibe die Anforderungen in eigenen Worten.

Starthilfe

Ich soll Nicoles Bewerbung über-arbeiten. Dafür ...

/2 Punkte

2 **a.** Lies Nicoles Bewerbungsschreiben.
b. Welche Angaben gehören in ein Bewerbungsschreiben? Markiere sie.
c. Welche Angaben gehören in einen Lebenslauf? Unterstreiche sie.
Tipp: Einige Angaben gehören in beide Schreiben.

/4 Punkte
/4 Punkte

Nicole Arnold
Querallee 23
45678 Neustadt
Tel.: 0 65 43/21 09 87

Neustadt, 04. 05. 2011

An die
Fixe Schere
Neustadt

Hallo, Leute,

mit diesem Schreiben möchte ich mich für ein Schulpraktikum in Ihrem
Friseursalon in der Arndtstraße 5 in 45678 Neustadt in der Zeit vom
01. 10. bis 20. 10. dieses Jahres bewerben. Mein Name ist Nicole Arnold und
5   ich bin am 12. 02. 1997 in Schwalmstadt/Treysa geboren. Ich gehe zurzeit in
Neustadt/Hessen zur Schule. Dort besuche ich die 8. Klasse des Realschul-
zweiges der Martin-von-Tours-Schule. Ich werde die Schule voraussichtlich
im Sommer in zwei, drei Jahren mit dem Realschulabschluss verlassen.
Meine Lieblingsfächer sind Deutsch, Erdkunde und Kunst. Ich habe mit
10   viel Spaß und Freude meinen Freundinnen die Haare gewaschen und geföhnt,
deshalb möchte ich mehr über den Beruf einer Friseurin erfahren.
Meine Hobbys sind Lesen, Sport und Frisieren.
Meine Bewerbungsunterlagen habe ich diesem Schreiben beigefügt.
Ich würde mich über eine Zusage sehr freuen.

15   Mit freundlichen Grüßen

Achtung: Fehler!

---

3 Der Lebenslauf gehört nicht in das Bewerbungsschreiben.
Welche formalen Fehler gibt es außerdem in Nicoles Bewerbungsschreiben?
Schreibe fünf Fehler in Stichworten auf.

/5 Punkte

---

4 Bearbeite den Arbeitsauftrag handschriftlich (oder mit dem Computer)
auf sauberen Blättern.
Schreibe das Bewerbungsschreiben und den Lebenslauf.

/25 Punkt
/25 Punkt

Gesamtpunktzahl:

/65 Punkt

Das kann ich! – Berichte schreiben

Dein Arbeitsauftrag

Überarbeite Ayses Tagesbericht über ihre Tätigkeit in einem Kaufhaus.
– Halte dich dabei an die Arbeitstechnik „Einen Bericht schreiben".
– Verwende das heutige Datum.

Ayse Schmidt, Klasse 8 b

Tagesbericht zum Praktikum

Mein Praktikumstag fängt um 8:00 Uhr an. Ich muss im Kaufhaus die Regale
überprüfen und, wenn nötig, auffüllen. Da ich noch sehr müde bin, fällt mir
das schwer. Ich muss um 8:30 Uhr fertig sein, da um diese Zeit das Kaufhaus
öffnet. Von 8:30 bis 12:00 Uhr bin ich in der Damenabteilung eingesetzt. Ich
5 helfe an der Kasse, die gekaufte Ware in Tüten zu legen. Ich packe auch Waren
als Geschenk ein. Dann berate ich zusammen mit einer Verkäuferin
die Kunden. Dann muss ich die anprobierten Kleidungsstücke wieder
zu den dafür vorgesehenen Kleiderständern bringen. Ich sortiere nach
den verschiedenen Größen. Ich helfe, neue Ware am Lieferanteneingang
10 auszuladen. Ich trage diese Ware ins Lager und bringe Preisschilder an.
Ich sortiere die neuen Kleidungsstücke auf die Kleiderständer. Ich helfe
wieder beim Einpacken an der Kasse. Mir tun vom vielen Stehen die Füße weh.
Endlich, um 12:30 Uhr, habe ich Feierabend und darf nach Hause gehen.
Jetzt lege ich mich erst einmal hin und mache einen Mittagsschlaf.

*Achtung:
Fehler!*

1 Welchen formalen Fehler macht Ayse in allen Sätzen ihres Berichts?
Kreuze an.

- ☐ Sie schreibt in der Wir-Form.   ☐ Die Uhrzeiten sind falsch angegeben.
- ☐ Sie schreibt im Präsens.   ☐ Sie schreibt im Präteritum.

/2 Punkte

2 Überprüfe Ayses Bericht mit den folgenden Checkfragen:

	ja	nein
– Gibt es abwechslungsreiche Satzanfänge?	☐	☐
– Wird über das Geschehen in der richtigen Reihenfolge berichtet?	☐	☐
– Wird auf die Wiedergabe persönlicher Meinung verzichtet?	☐	☐
– Wird die Beschreibung des Tagesablaufs mit Zeitangaben gegliedert?	☐	☐

/4 Punkte

3 **a.** Markiere Satzanfänge mit zeitlichen Angaben, die sich wiederholen.
b. Schreibe fünf unterschiedliche Satzanfänge mit zeitlichen Angaben auf.

/2 Punkte
/5 Punkte

_____

_____

4 Markiere andere Wiederholungen am Satzanfang.

/7 Punkte

5 Bearbeite den Arbeitsauftrag. Schreibe den Tagesbericht handschriftlich auf
ein sauberes Blatt (oder mit dem Computer).
– Nutze deine Ergebnisse aus den Aufgaben 1 bis 5.
– Beachte die Arbeitstechnik „Einen Bericht schreiben" von Seite 23.

/25 Punkte

Gesamtpunktzahl: /45 Punkte

Stellung nehmen

Zu dem Thema des Textes nimmst du in einem Brief Stellung.

1 Lies den Text mithilfe des Textknackers.

➤ Die Arbeitstechnik „Der Textknacker" findest du in der vorderen Klappe.

Besen statt Mathebuch und Geodreieck

In einigen Schulen müssen die Schülerinnen und Schüler ihre Klassenräume neuerdings selbst fegen. Damit die Stadt Geld spart, kommen die Putzkräfte nur noch an zwei Tagen in der Woche. An den übrigen Tagen sollen die Schüler selbst ihre Klassenräume reinigen und die Mülleimer leeren.

5 Viele Eltern sind empört, denn ihrer Meinung nach sollten die Schüler ihre Zeit lieber zum Lernen nutzen und nicht zum Putzen. In der Folge würden auch einige Reinigungskräfte ihre Arbeit verlieren. Hubert K. vom Landeselternausschuss wehrt sich ebenfalls gegen die Maßnahme: „Kinder sind nun einmal verpflichtet, die Schule zu besuchen. Dann muss die Stadt auch für die

10 Sauberkeit in den Schulen sorgen. Schüler sind nur billiger als die Reinigungskräfte und können sich nicht wehren." Auch einige Schulleiter protestieren gegen diese Maßnahme, denn sie müssten Lehrer verpflichten, die Schülerinnen und Schüler beim Putzen zu beaufsichtigen.
Andere Eltern und Lehrkräfte können diese Aufregung nicht verstehen.

15 Margarete K., Lehrerin an einer Realschule in Hildesheim, meint: „Es geht auch darum, Verantwortung für den Klassenraum zu übernehmen, ihn in einen angenehmen Ort zu verwandeln. Alle Schüler gehen sorgsamer mit dem um, was sie selbst gestaltet und gereinigt haben. Außerdem leistet so ein Reinigungsdienst einen vorbildlichen Beitrag zum sozialen Lernen."

20 Auch manche Schüler verstehen die Empörung gegen diese Schülerdienste nicht. Paul T. von der Albert-Schweitzer-Schule erklärt: „In unserer Schulordnung ist seit Jahren festgelegt, dass wir zahlreiche Schülerdienste versehen müssen. Neben dem Ordnungs- und Reinigungsdienst in und vor dem Klassenraum sind wir für Sauberkeit und Ordnung auf dem Hof und in der Mensa verantwortlich.

25 Dieser Dienst hält wirklich niemanden vom Lernen ab und dauert auch nicht besonders lange. Wenn man den Dienst allerdings nicht sorgfältig versieht, kann das einen negativen Einfluss auf die Bewertung im Bereich ‚Zuverlässigkeit und Sorgfalt' haben." Und sein Mitschüler Kerim S. erklärt: „Man muss sagen, dass unsere Klassenräume viel sauberer sind, seit wir uns selbst darum kümmern. Ich

30 finde das gemeinsame Reinigen prima, denn es stärkt die Klassengemeinschaft."

2 Worum geht es in dem Text? Schreibe in dein Heft.

> **Starthilfe**
>
> In dem Text wird für und gegen …

Dein Arbeitsauftrag

Auf der nächsten Schulkonferenz wird der Vorschlag zur Einführung eines Schülerreinigungsdienstes an deiner Schule diskutiert. Bist du für oder gegen den Dienst? Schreibe eine Stellungnahme in Form eines Briefes.
– Begründe deinen Standpunkt mit mindestens drei Argumenten.
– Veranschauliche jedes Argument mit einem Beispiel.
– Adressiere den Brief an die Schulkonferenz deiner Schule.

3 **a.** Lies deinen Arbeitsauftrag genau.
b. Schreibe in ganzen Sätzen auf, was du tun sollst. Schreibe in dein Heft.

➤ Die Arbeitstechnik „Eine Stellungnahme schreiben" findest du in der hinteren Klappe.

In dem Text findest du Pro- und Kontra-Argumente.

4 Kennzeichne die Argumente im Text nach **Pro** und **Kontra**.
– Markiere fünf Pro-Argumente (für den Dienst) grün.
– Markiere vier Kontra-Argumente (gegen den Dienst) rot.

Mit Beispielen kannst du die Argumente veranschaulichen.

> **Merkwissen**
>
> Einen **Standpunkt** kann man mit **Argumenten** begründen.
> Mit **Beispielen** kann man Argumente veranschaulichen, z. B.:
> Sauberkeit in der Schule ist wichtig, damit sich alle wohlfühlen.
>   Standpunkt   Argument
>
> Zum Beispiel sitzt niemand gerne stundenlang an einem schmutzigen Tisch.
>   Beispiel

5 Unterstreiche das Beispiel im folgenden Satz.

Damit die Stadt Geld spart, kommen beispielsweise die Putzkräfte nur noch an zwei Tagen in der Woche in die Schule.

6 Ordne den folgenden Beispielen passende Argumente aus dem Text zu. Schreibe in dein Heft.

A   Den Hof- und Mensadienst zum Beispiel muss jede Klasse nur eine Woche lang im Schulhalbjahr übernehmen.

B   Beispielsweise ist es sinnvoller, in den Freistunden Vokabeln zu wiederholen, als den Fußboden zu wischen.

C   Man verlangt ja zum Beispiel auch nicht von einem Finanzbeamten, dass er nach Dienstschluss sein Büro putzt.

D   Früher lag zum Beispiel oft schon nach der 2. Stunde der Boden voller Papierkugeln oder Brotpapier. Jetzt passen alle auf, dass niemand die Räume unnötig verschmutzt.

> **Starthilfe**
>
> Dieser Dienst hält wirklich niemanden vom Lernen ab. Den Hof- und Mensadienst zum Beispiel …

7 Schreibe für beide Standpunkte jeweils zwei Argumente in dein Heft.
Ergänze zu jedem Argument ein passendes Beispiel.
Nutze deine Ergebnisse der Aufgaben 4 und 6.

> **Starthilfe**

Pro	Kontra
1) Ein Schülerreinigungsdienst ist sinnvoll, weil die Stadt Geld spart. Unsere Schule spart zum Beispiel an drei Tagen das Geld für den Reinigungsdienst. 2) …	1) Ein Schülerreinigungsdienst ist nicht gut, weil man in der Schule die Zeit zum Lernen braucht. Beispielsweise ist es sinnvoller, in den Freistunden Vokabeln zu wiederholen. 2) …

8 Denke dir je ein eigenes Pro- und Kontra-Argument mit Beispielen aus.
Schreibe deine Argumente und Beispiele in die Tabelle von Aufgabe 7.

In einem Brief Stellung nehmen

Du bereitest nun die Stellungnahme vor. Deine Stellungnahme besteht aus Einleitung, Hauptteil und Schluss.

1 Nenne in einer Einleitung das Thema deiner Stellungnahme.

Es geht darum, ob an unserer Schule ein _____

_____

_____

_____

2 Schreibe den Hauptteil deiner Stellungnahme in dein Heft.
- Nenne zuerst deinen Standpunkt.
- Begründe deinen Standpunkt mit mindestens drei Argumenten.
- Führe dein stärkstes Argument zuletzt an.
- Veranschauliche deine Argumente durch Beispiele.
- Verwende geeignete Satzanfänge. Vorschläge findest du am Rand.

> Zum einen …
> Zum anderen …
> Ein weiteres Argument …
> Außerdem …
> Zum Beispiel …
> Beispielsweise …
> Das sieht man daran, dass …

3 Fasse zum Schluss deinen Standpunkt noch einmal in ein bis zwei Sätzen zusammen.

Zum Schluss möchte ich festhalten, dass _____

_____

_____

_____

Deine Stellungnahme richtest du in einem Brief an die Schulkonferenz.

4 Schreibe die Anrede und den ersten Satz deines Briefes auf.
Nenne darin den Anlass für deinen Brief.
Du kannst die Wortgruppen vom Rand verwenden.

> geplant ist,
> diskutiert werden soll,
> überlegt wird

Liebe Teilnehmerinnen und Teilnehmer der Schulkonferenz,

ich habe erfahren, dass auf der nächsten Schulkonferenz darüber …

_____

_____

_____

_____

5 Schreibe deine Stellungnahme auf einen Briefbogen.
- Beachte die Arbeitstechnik „Einen offiziellen Brief schreiben".
- Verwende den Namen und die Anschrift deiner Schule als Empfänger.
- Verwende die Anrede und den ersten Satz aus Aufgabe 4.
- Gliedere den Brief in Einleitung, Hauptteil und Schluss.
  Verwende dabei deine Ergebnisse zu den Aufgaben 1 bis 3.

➤ Die Arbeitstechnik „Einen offiziellen Brief schreiben" findest du in der hinteren Klappe.

6 Überarbeite deinen Brief mit der Checkliste von Seite 29.

Eine Stellungnahme (Brief) überarbeiten

Ina aus der Klasse 8 a ist für einen Schülerreinigungsdienst
an ihrer Schule. Du überarbeitest ihren Brief an die Schulkonferenz.

Ina Huber
Klasse 8 a der Gesamtschule Meerbusch
Hauptstr. 21
40667 Meerbusch

Hey, Leute,

ich finde den Schülerreinigungsdienst super. Wenn ~~dann~~ alle bei der Putzerei
mitmachen, dann ==kann man sich in dem Laden endlich wieder wohlfühlen==.
Dann steht und sitzt man zum Beispiel auch nicht mehr ständig auf Essens-
resten (z. B. verfaulte Äpfel). Dann kann die Schulkonfi das gesparte Geld für
wichtigere Dinge nehmen. Und dann haben alle eine gute Ausrede, wenn sie
die Hausaufgaben nicht gemacht haben.

Ina

Es fehlen:

das Datum

_____

_____

_____

_____

1 Welche fünf Bestandteile eines offiziellen Briefes fehlen?
Schreibe sie auf die Linien neben dem Brief.

2 **a.** Markiere im Brief die Argumente für den Schülerreinigungsdienst rot.
b. Eines der Argumente wird die Schulkonferenz ganz sicher nicht
überzeugen. Streiche dieses Argument durch.
c. Ein Wort wird oft wiederholt, obwohl es ganz unnötig ist.
Streiche dieses Wort an allen Stellen durch.

Bearbeite die folgenden Aufgaben in deinem Heft oder auf einem Blatt.

3 **a.** Überarbeite die Sprache und die Argumente in dem Brief.
– Verwende keine Umgangssprache.
– Verwende geeignete Satzanfänge.
– Ergänze zu einem Argument ein Beispiel.
b. Ergänze ein eigenes Argument für den Schülerreinigungsdienst.

Starthilfe
Wenn sich alle Schüler an
einem Reinigungsdienst
beteiligen, kann man sich in
der Schule wieder wohl-
fühlen …

4 **a.** Überarbeite den Brief vollständig. Schreibe auf einen Briefbogen.
Ergänze alle fehlenden Bestandteile eines offiziellen Briefes.
b. Überprüfe dein Ergebnis mit der folgenden Checkliste.

Checkliste: In einem Brief Stellung nehmen	ja	nein
Habe ich die Adressen von **Absender** und **Empfänger** genannt?	☐	☐
Habe ich **Ort**, **Datum** und **Anrede** verwendet?	☐	☐
Habe ich einen **Betreff** eingefügt?	☐	☐
Habe ich im ersten Satz **den Grund** oder **den Anlass** des Briefes genannt?	☐	☐
Habe ich das **Thema** genannt und meinen **Standpunkt** geäußert?	☐	☐
Habe ich mindestens **drei Argumente** angeführt?	☐	☐
Habe ich die Argumente mit **Beispielen** veranschaulicht?	☐	☐
Steht mein **wichtigstes Argument** am **Schluss**?	☐	☐
Habe ich am Ende meinen **Standpunkt** zusammengefasst?	☐	☐
Endet mein Brief mit der **Grußformel** und meiner **Unterschrift**?	☐	☐
Habe ich die **Rechtschreibung** überprüft?	☐	☐

Dein Arbeitsauftrag

An deiner Schule wird über die Einführung einer Toilettengebühr diskutiert.
Bist du für oder gegen die Einführung einer Toilettengebühr?
Schreibe eine Stellungnahme in Form eines Briefes.
- Entscheide dich für einen Standpunkt.
- Begründe deinen Standpunkt mit mindestens drei Argumenten.
- Veranschauliche deine Argumente mit Beispielen.
- Nutze für deine Stellungnahme den Sachtext auf dieser Seite.
- Adressiere deinen Brief an die Schülervertretung deiner Schule.

1 Lies den Text mithilfe des Textknackers.

➤ Die Arbeitstechnik „Der Textknacker" findest du in der vorderen Klappe.

Es stinkt zum Himmel – mit Gebühren für mehr Sauberkeit

Auf dem Boden liegt aufgeweichtes Klopapier, die Toiletten sind verstopft, Seife und Handtücher gibt es nicht, die Wände sind bekritzelt – dieses Beispiel ist kein Einzelfall. An vielen Schulen wird die Sauberkeit auf den Toiletten als
5 mangelhaft bewertet. Deshalb haben jetzt einige Schulen eine Toilettengebühr erhoben und dafür eine Toilettenkraft eingestellt. Die Frau oder der Mann passt auf, dass die Toiletten sauber bleiben, dass beispielsweise die Wände nicht beschmiert werden oder dass auf den WCs nicht geraucht wird. Dafür müssen die Schüler nun – je nach Schule – 10 oder 20 Cent für die Benutzung der Toilet-
10 ten zahlen. Andere Schulen verlangen einen Euro pro Monat für die Benutzung der „Edeltoiletten". Wenn Schüler diesen Betrag nicht zahlen möchten oder können, gibt es noch andere WCs in der Schule – sie sind zwar unrenoviert, aber dafür kostenlos.
Die Leiterin der Bertolt-Brecht-Schule begründet die Einführung der Gebühr
15 wie folgt: „In Zeiten von Schweinegrippe und anderen Infektionskrankheiten befürchten viele, dass die Schultoiletten zur Ursache von Krankheiten werden. Das kann man nur durch mehr Hygiene vermeiden. Außerdem haben sich viele Eltern beklagt, weil sich ihre Kinder vor den schmutzigen Schultoiletten geekelt haben. Manche Kinder zum Beispiel haben morgens nichts getrunken,
20 damit sie in der Schule ja nicht zur Toilette mussten. Das ist jetzt anders."
Viele Schulleiter sind daher froh über die neue Regelung. Auch Volker W. von der Max-Liebermann-Schule rechtfertigt die kostenpflichtigen Toiletten: „Die Toilettengebühr ist so gering, dass sie sich alle Schüler leisten können. Für einen Euro pro Monat zum Beispiel müssen die Schüler nur auf ein Päckchen
25 Kaugummi verzichten. Das ist ja wohl nicht zu viel verlangt." Aber die Regelung findet nicht nur Zustimmung. Horst W. von der GEW (Gewerkschaft Bildung und Wissenschaft) protestiert: „Die Kinder lernen damit, dass alles übers Geld geregelt wird. Wer nicht zahlen kann, geht auf die kostenlose schmutzige Toilette." Und Elternvertreterin A. Demmer meint: „Die Kinder unter-
30 liegen der Schulpflicht und haben daher ein Recht auf kostenlose Toiletten, die in Ordnung sind. Kein Mensch käme zum Beispiel auf die Idee, im Finanzamt eine Toilettengebühr abzukassieren." Thomas W., Schüler einer Schule mit Toilettengebühr, erklärt: „Ich würde die Gebühr ja zahlen, wenn die Toiletten zwischen den Pausen gereinigt würden. Aber unsere Toilettenfrau zum Beispiel
35 bewacht nur die WCs, damit niemand Unsinn macht." Sein Mitschüler Ahmet meint: „Die Gebühr ist keine gute Lösung. Man könnte auch einfach für mehr Sauberkeit werben, zum Beispiel mit Plakaten."

2 Zu welchem Thema wird im Text auf Seite 30 argumentiert?
Beschreibe dieses Thema in einem Satz. Schreibe in dein Heft.

3 a. Markiere im Text drei Pro-Argumente (für die Toilettengebühr) grün.

b. Markiere drei Kontra-Argumente (gegen die Toilettengebühr) rot.

4 Bist du für oder gegen die Einführung der Toilettengebühr an deiner Schule?
Schreibe deinen Standpunkt in einem Satz auf.

_____

_____

5 a. Schreibe drei geeignete Argumente für deinen Standpunkt in dein Heft.
Schreibe in Stichworten.

b. Ergänze ein weiteres Argument aus deiner eigenen Erfahrung.

6 Schreibe zu drei Argumenten in deinem Heft je ein Beispiel auf.
Du kannst Beispiele aus dem Text oder aus deiner Erfahrung verwenden.

Mithilfe deiner Ergebnisse bearbeitest du den Arbeitsauftrag.

7 a. Lies den Arbeitsauftrag auf Seite 30 genau, bevor du anfängst zu arbeiten.
b. Bearbeite den Arbeitsauftrag.
– Beachte die Bestandteile eines offiziellen Briefs.
– Adressiere den Brief an die Schülervertretung deiner Schule.
– Schreibe auf ein extra Blatt.

Du überarbeitest Alessandros Brief an die Schülervertretung.

Alessandro Battaglini
Klasse 8 b der Gesamtschule Hamm
Lindenstr. 15
59071 Hamm

Hallo,

ich bin auch gegen eine fette Toilettengebühr. Ich kaufe dafür auch lieber was am Kiosk. Richtig bäh sind unsere Toiletten auch gar nicht. Man kann auch zu Hause vor der Schule auf die Toilette gehen.

Alessandro

Achtung: Fehler!

8 Überprüfe den Brief mithilfe der Checkliste von Seite 29.
Schreibe in dein Heft, welche vier Angaben fehlen.

9 a. Markiere in dem Brief die Argumente rot.

b. Ein Wort wird oft wiederholt, obwohl es ganz unnötig ist.
Streiche dieses Wort an allen Stellen durch.

c. Überarbeite die Argumente in deinem Heft.

– Verwende keine Umgangssprache.
– Verwende geeignete Satzanfänge.
– Ergänze zwei eigene Argumente mit Beispielen.

10 Schreibe den vollständigen Brief auf einen Briefbogen.
Verwende dazu deine Ergebnisse aus den Aufgaben 8 und 9.

Gesamtpunktzahl:

Zu Prosatexten schreiben

Zu der folgenden Kurzgeschichte schreibst du eine Inhaltsangabe und du schreibst einen Brief aus der Sicht einer Figur.

dein Arbeitsauftrag zu der Erzählung ➤ S. 35

1 **a.** Lies den Text mithilfe der Schritte 1 und 2 des Textknackers.
   b. Schreibe in dein Heft, worum es in der Kurzgeschichte geht.

➤ Die Arbeitstechnik „Der Textknacker für literarische Texte" findest du in der vorderen Klappe.

Schüleraustausch – Annette Weber

„Attention! Ici Sens, gare du nord!"[1]
Dumpf tönte die Stimme aus dem Lautsprecher. „Sens[2]! Wir sind da! Endlich!"
Stefan und Sandra umarmten einander. Sie zerrten ihre Reisetaschen aus den Gepäcknetzen und stiegen mit den anderen aus. „Sandra, guck mal.

5 Unsere Partnerklasse!" Stefan, der schon im Jahr zuvor in Frankreich gewesen war, umarmte einen nach dem anderen. Dagegen kam sich Sandra zwischen diesem französisch sprechenden Gewusel ziemlich hilflos vor. Hektisch kramte sie den Zettel hervor, auf dem der Name ihrer Austauschschülerin stand. Stefan legte seinen Arm um ihre Schulter. „Keine Panik!"

Sens – Gare du Nord

10 „Wenn ich wenigstens was verstehen würde!"
„Lernst du alles. Und wenn nicht, bin ich ja auch noch da." Er lächelte. Sofort war Sandras Aufregung verschwunden.
„Wenn ich dich nicht hätte!" Sie küsste Stefan sanft auf die Wange.
„Bei wem sollst du untergebracht werden?" Stefan lugte auf ihren Zettel.

15 „Chantal Deneuve, 15 rue Bonaparte.[3] Hört sich gut an." Er sah sich neugierig um und pfiff anerkennend durch die Zähne. „Sind ja tolle Frauen dabei. Guck mal, die mit den schwarzen Haaren! Oder die da hinten. Wow! Echt super! So habe ich mir Französinnen immer vorgestellt."
Sehr taktvoll fand Sandra die Kommentare nicht. Sie war schließlich auch noch

20 da. Und so übel sah sie auch nicht aus. In diesem Moment rannte die schwarzhaarige Französin durch die Schülergruppe. „Allo! Allo[4]! Isch bin Chantal Deneuve!", schrie sie und fuchtelte mit den Armen temperamentvoll in der Luft herum. Der Name ließ Sandra aufhorchen. Sie starrte auf ihren Zettel. „Mensch, Stefan!", rief sie, „das ist ja meine ...!"

25 Weiter kam sie nicht. Denn Stefan hatte ihr plötzlich den Zettel aus der Hand gerissen und ihr seinen zwischen die Finger gesteckt. „Chantal Deneuve, wer ist das?", schrie er laut. „Chantal Deneuve, ich soll zu Chantal Deneuve!"
Die Französin rannte auf ihn zu, legte ihre schmalen Hände auf seine Schultern und küsste ihn auf beide Wangen. Stefan lachte über sein ganzes Gesicht. Sandra

30 stand wie angewurzelt auf dem Bahnsteig und starrte die beiden an. Jetzt kam Stefan zu ihr zurück, um seine Reisetasche zu holen.
„Guck doch nicht so sauer!", versuchte er zu beschwichtigen. Er nahm seine Tasche. „Wir sehen uns in den nächsten Tagen."
Sandra hielt ihn am T-Shirt fest. „Stefan? Was soll das?" Vor Angst bekam sie

35 kaum noch Luft.
Stefan schob sie zur Seite. „Weißt du", er setzte ein überlegenes Gesicht auf, „unsere Beziehung ist sowieso zu eng. Wir sollten uns ein bisschen mehr an den Franzosen orientieren. Offene Beziehungen sind hier total in!"
Er riss sich los und verdrückte sich schnell.

---

1 Attention! Ici Sens, gare du nord: Achtung! Hier Sens, Nordbahnhof!
   Aussprache: Ato(n)sio(n)! Isih So(n), gar dü nor!
2 Sens: eine Stadt in Frankreich, ca. 100 km südöstlich von Paris.
3 rue: Straße; Aussprache: Schantal Denöff, kähns (= 15) rüh bonnapar
4 allo: hallo. Das Wort wird auf Französisch ohne „h" geschrieben.

40 Sandra hätte sich in den Hintern treten können, weil sie nicht den Mut fand,
ihm hier auf dem Bahnsteig in diesem verdammten, kleinen französischen Kaff
den Hals umzudrehen. Jetzt war es zu spät. Stefan verschwand mit dieser
schwarzhaarigen Französin Richtung Ausgang.
„Allo!" Jemand tippte ihr auf die Schulter. Sandra drehte sich um und sah
45 einen Wuschelkopf vor sich stehen.
„Bonjour[1]", sagte der Wuschelkopf. „Je suis[2] Jean-Pascal Lebrun[3]. Tu as mon
adresse[4]!"
Sandra starrte den Zettel an. Sie wusste nicht, was sie sagen sollte.
„Verstehst du nischt? Isch bin also dein Austauschschüler! Komm mit.
50 Meine Eltern warten auf dir!" Willenlos ging Sandra mit.

„... wurde im Jahre 1258 erbaut. Der typische Gotikbau ist besonders an
der spitzen Formgebung zu erkennen."
Die Stimme des Reiseleiters dröhnte durch die Kathedrale. Sandra bemühte sich
zuzuhören. Doch immer wieder ging ihr Blick zu Stefan hinüber. Er stand neben

55 Chantal und sah andächtig an dem bunten Kirchenfenster hoch. Und so ganz
nebenbei berührte er dabei Chantals Arm. Die sah ihn an und für einen Augen-
blick begegneten sich ihre Augen. Dann lächelte Stefan und schaute wieder
zum Kirchenfenster hoch.
Sandras Magen zog sich zusammen. Sie war dem Weinen nahe. Genauso hatte
60 es Stefan damals bei ihr gemacht, als sie sich kennen lernten. Diese Blicke.
Diese vorsichtigen Berührungen! Das war alles nur ein Spiel gewesen, bei dem
die Partner jederzeit ausgewechselt werden konnten. Jetzt also war Chantal an
der Reihe! Eine Träne lief Sandra über das Gesicht. Verärgert wischte sie sie mit
dem Ärmel ihres Sweatshirts fort. Sie war froh, als sie wieder im Freien waren.
65 Ein frischer Herbstwind wehte. Sandra atmete tief ein und aus. Ihr war klar:
Stefan konnte sie abhaken. Schrecklich daran war nur, dass es so wehtat.
„Mir reicht's jetzt!", flüsterte ihr plötzlich Jean-Pascal ins Ohr. „Isch langweile
misch fürchterbar!"
„Furchtbar!", verbesserte Sandra und musste lächeln. „Ich mich auch."
70 „Weißt du was? Wir verdrücken uns, tu comprends[5]? Isch zeige dir lieber
die Straßencafés von Sens."
„Keine schlechte Idee", musste Sandra zugeben. Und insgeheim war sie froh, dass
sie sich Stefans Anmache nicht länger anschauen musste.
An der nächsten Straßenecke ließen Jean-Pascal und Sandra die anderen an sich
75 vorbeiziehen, drehten sich dann um und flüchteten Richtung Innenstadt. In
der Fußgängerzone fanden sie ein kleines Café. Sandra ließ sich auf einen Stuhl
fallen. Jean-Pascal setzte sich neben sie. „Wie hat dir die Kirche gefallen?"
„Ganz gut." Sandra wunderte sich über die Frage.
„Du -ast[6] überhaupt nischt[7] zugehört, was der Reiseleiter erzähl -at."
80 „Wie kommst du darauf?" Sandra war echt empört. „Ich verstehe dich nicht!"
„Du verstehst très bon. Sehr gut." Er sagte das wieder mit diesem witzigen Akzent
und Sandra musste erneut lachen. „Bon. Isch -abe disch – wie sagt man –
beobachtet. Und du -ast immer nur zu diesem einen Typen geguckt. Und der -at
immer nur zu Chantal geguckt. Und da bist du ganz ganz traurig geworden."

1 bonjour: guten Tag/guten Morgen; Aussprache: bonjuhr (das „j" wie in Journal)
2 je suis: ich bin; Aussprache: jä swi (das „j" wie in Journal)
3 Aussprache: Jon Paskal Lebrä (das „j" wie in Journal)
4 tu as mon adresse: du hast meine Adresse; Aussprache: tü a monadräs
5 Tu comprends?: verstehst du?; Aussprache: tü kompro(n)
6 ast: hast; im Französischen wird „h" nicht gesprochen. Für Franzosen ist es deshalb
 sehr schwierig, in englischen oder deutschen Wörtern das „h" zu sprechen.
7 nischt: nicht; Franzosen sprechen das deutsche „ch" meist als „sch",
 weil im Französischen „ch" immer als „sch" gesprochen wird.

85 Sandra schluckte. „Was geht dich das an?", fauchte sie.

„Gar nichts." Jean-Pascal rührte in seiner Tasse. „Ich will nur nischt, dass du wegen Chantal traurig bist."

„Das bin ich wirklich", gab sie dann zu. „Weißt du, ich bin seit drei Wochen mit Stefan zusammen und habe mich so furchtbar auf die Zeit mit ihm gefreut. Und

90 jetzt verliebt er sich in diese attraktive Chantal."

Jean-Pascal lächelte. „Du brauchst gar nischt eifersüchtig zu sein. Weil sie nämlich jedem den Kopf verdreht. Warte ein bisschen. In drei Tagen ge-ört Stefan wieder dir. Isch schwöre!"

„Bist du sicher?"

95 „Ganz sicher." Er überlegte eine Weile. „Isch -abe eine Idee", sagte er dann. „Wenn Stefan morgen auf der Fete noch immer mit ihr zusammen ist, werde isch sie ihm – wie sagt man? ... wegnehmen?"

Die Fete war schon im vollen Gang, als Sandra und Jean-Pascal in den Raum kamen. Jean-Pascal hatte sich schick zurechtgemacht, mit schwarzem Hemd

100 und enger Jeans.

Stefan tanzte mit Chantal und schien dabei nur sie zu sehen. „Da sind sie", flüsterte Sandra Jean-Pascal zu. „Meinst du, du schaffst es?"

Er sah auf seine Fußspitzen. Sandra musterte ihn verwundert. Es schien etwas zu geben, das er ihr nicht sagen mochte. Dann gab er sich einen Ruck und ging

105 auf Chantal zu. Gut sah er aus, als er über die Tanzfläche ging. Einen Moment lang tat es Sandra leid, dass sie ihn gedrängt hatte.

Er verbeugte sich vor Stefan, sagte einige Worte zu ihm, wandte sich dann Chantal zu und tanzte mit ihr. Chantal lächelte ihn an und für einen Moment spürte Sandra einen Stich in der Magengegend. Stefan verließ mit wütendem

110 Gesicht die Tanzfläche und ging nach draußen. Sandra überlegte, ihm nach-zulaufen, doch wenn sie ehrlich war, hatte sie keine Lust dazu. Lieber setzte sie sich auf einen Stuhl und beobachtete die Tanzenden.

Chantal schmiegte sich eng an Jean-Pascal. Der dagegen hatte immer noch dieses unglückliche Gesicht. Als der Tanz beendet war, riss er sich plötzlich los

115 und lief aus dem Raum. Sandra rannte ihm nach. Erst auf dem Hof der Disko-thek hatte sie ihn eingeholt. „Jean-Pascal!" Sie zupfte ihn am Ärmel.

Da drehte er sich zu ihr um und lächelte. „Du bist es", sagte er. „Und isch dachte, du stehst -ier draußen mit diesem Typen und feierst Versöhnung."

„Aber nein. Ich habe noch gar nicht mit Stefan gesprochen. Aber was ist mit dir?"

120 Jean-Pascal sah zu Boden. „Isch kann nischt", sagte er leise. „Isch kann nischt mit dieser doofen Kuh tanzen, weil isch immer an disch denken muss!"

Sandra wurde ganz warm. Er sah in ihr Gesicht. „Du -ast wunderschöne Augen", sagte er leise. Da legte Sandra ihre Arme um seinen Hals und küsste ihn.

Drei Tage später traf sie Stefan in der Stadt.

125 „Lange nicht gesehen", sagte er. „Kommst du heute Abend ins Bistro?" Dabei hatte er dieses weltmännische Gesicht.

„Tut mir leid", lächelte Sandra. „Ich habe heute ein Rendezvous[8]."

„Was soll das denn heißen", fuhr Stefan sie an und sah plötzlich gar nicht mehr cool aus. „Ich denke, du gehst mit mir!"

130 „Oh, klar", grinste Sandra. „Ich finde nur, dass unsere Beziehung in der letzten Zeit etwas eng geworden ist. Wir sind hier in Frankreich, weißt du. Offene Beziehungen sind hier mega-in."

Und dann ließ sie den verdutzten Stefan einfach stehen.

---

8 das Rendezvous: auf Französisch: ein Termin – im deutschen Verständnis eher eine romantische Verabredung; Aussprache: rondewu

Bevor du arbeitest, musst du deinen Arbeitsauftrag genau verstehen.

> ### Dein Arbeitsauftrag
>
> Untersuche die Kurzgeschichte „Schüleraustausch" von Annette Weber und löse folgende Teilaufgaben:
> – Schreibe eine Inhaltsangabe mithilfe der Handlungsbausteine.
>   Beachte dabei, aus welcher Sicht erzählt wird – also die Erzählperspektive.
>   Gib Teile aus Gesprächen nur in indirekter Rede wieder.
> – **Zusatzaufgabe:** Sandra und Stefan berichten ihren besten Freunden jeweils in einem Brief von ihren Erlebnissen, Gefühlen und Gedanken in Sens.
>   Versetze dich in Sandras **oder** Stefans Situation und schreibe einen Brief.

2 **a.** Lies den Arbeitsauftrag genau und markiere die Aufforderungsverben.

b. Welche der folgenden Aussagen ist richtig? Kreuze an.

☐ Ich schreibe einen Brief aus meiner Erzählperspektive an Sandra.

☐ Ich untersuche den Text und schreibe auf jeden Fall eine Inhaltsangabe.

☐ Ich löse die Zusatzaufgaben oder schreibe Gespräche in indirekter Rede.

Starthilfe

Ich untersuche die Kurzgeschichte „Schüleraustausch" von Annette Weber. Danach schreibe ich ...

3 Schreibe für alle Aufgaben des Arbeitsauftrags in dein Heft, was genau du tun sollst. Verwende dabei Satzanfänge, die die Reihenfolge verdeutlichen.

Mithilfe der Handlungsbausteine erfasst du den Inhalt genau.

Hauptfigur und Situation	Wunsch	Hindernis	Reaktion	Ende

4 Stelle fünf Fragen nach den Handlungsbausteinen an den Text. Schreibe die Fragen auf. Du kannst die Wörter vom Rand verwenden.

Wer ist mit der Situation am Anfang _____

_____

_____

_____

_____

Wer? Welche Figur? Situation, Schwierigkeiten, überwinden, erreichen, Ziel, unzufrieden, am Anfang, am Ende

5 **a.** Welche Person ist die Hauptfigur? Kreuze an.

☐ Stefan ☐ Sandra ☐ Jean-Pascal ☐ Chantal

b. Begründe deine Wahl in ganzen Sätzen. Schreibe in dein Heft.

6 **a.** Wo spielt die Handlung? Markiere im Text alle Hinweise auf das Land.

b. Fülle den folgenden Steckbrief für den Ort der Handlung in Stichworten aus.
Tipp: Der Name der Stadt mit vier Buchstaben kommt dreimal im Text vor.

Land: _____ Sprache: _____ Stadt: _____

Namen von Personen in der Landessprache: _____

_____

Ort(e) in der Landessprache: _____

Wörter in der Landessprache: _____

_____

Eine Inhaltsangabe schreiben

Arbeitstechnik

Eine Inhaltsangabe schreiben

Eine **Inhaltsangabe** informiert **kurz** über den wesentlichen Inhalt eines Textes.
– In der **Einleitung** nennst du Autor, Titel, Textart und Thema.
– Im **Hauptteil** fasst du die wichtigsten Ereignisse der Handlung mithilfe der Handlungsbausteine zusammen.
Schreibe **sachlich** (ohne ausschmückende Elemente) und ersetze wörtliche Rede durch **indirekte Rede** mit dem Konjunktiv.
Schreibe im **Präsens**. Wenn Geschehnisse vor anderen stattgefunden haben, verwendest du das **Perfekt**.

> In der Einleitung nenne ich … ,
> Ich gebe nur … ,
> Ich schreibe im … ,
> Ich verwende … ,
> Ich vermeide …

1   **a.** Lies die Arbeitstechnik „Eine Inhaltsangabe schreiben".
     b. Was musst du bei einer Inhaltsangabe beachten? Schreibe in dein Heft. Verwende dazu die Satzanfänge vom Rand.

Mithilfe der Handlungsbausteine planst du die Inhaltsangabe.

2   Ergänze Stichworte zu den Handlungsbausteinen in der Tabelle.
     – Beantworte dabei deine Fragen aus Aufgabe 4 auf Seite 35.
     – Verwende auch deine Ergebnisse aus den Aufgaben 5 und 6 auf Seite 35.
     – Gib die Zeilenangaben der entsprechenden Textstellen an.

Handlungs-bausteine	Stichworte
Hauptperson und Situation	*Sandra, vermutlich zwischen 13 und 16 Jahre alt …* *(Zeilen 4–13, 19–20, 23–24, 34–35, 40–42, 59–66)*
Wunsch	*möchte Stefan nicht verlieren (Zeilen 88–90)*
Hindernis	
Reaktion	
Ende	

Du findest heraus, aus welcher Perspektive erzählt wird.

3 Lies die Information am Rand.

4 **a.** Untersuche die Erzählperspektive.
Markiere dazu in den blau gedruckten Textteilen die Personalpronomen.
b. Welche Erzählperspektive liegt in „Schüleraustausch" vor?
Ergänze den folgenden Satz.

Das Geschehen wird in der _____-Form erzählt und dabei aus

der Sicht der Hauptfigur _____ .

> **Die Erzählperspektive**
> Beim Erzählen unterscheidet
> man die **Er/Sie-Form** und
> die **Ich-Form**. Meist erkennt
> man diese Formen an den
> Personalpronomen im Text.

mehr zu Pronomen
➤ S. 66 und S. 96

In deiner Inhaltsangabe kannst du zum Beispiel das Gespräch aus den Zeilen 92–98 in der indirekten Rede wiedergeben.

Jean-Pascal sagt lächelnd zu Sandra, sie brauche gar nicht eifersüchtig zu sein, weil Chantal nämlich jedem den Kopf verdrehe. ...

mehr zum Konjunktiv und zur
indirekten Rede
➤ S. 38 und S. 71–75

5 **a.** Vergleiche den Anfang dieser indirekten Rede mit den Zeilen 91–92.
b. Für welches Personalpronomen musst du einen Namen einsetzen?
Markiere es.
c. Welcher Name muss für das Personalpronomen eingesetzt werden?
Schreibe den Namen auf die Linie.

6 Schreibe das Gespräch der Zeilen 91–97 in indirekter Rede in dein Heft.
– Ersetze Personalpronomen durch die richtigen Namen, wenn nicht klar ist, um welche Person es sich handelt.
– Schreibe im Präsens und ergänze fehlende Verben.
– Verwende die Wörter und Wortgruppen vom Rand.

würde, fragt ihn,
erwidert, fährt fort,
am nächsten Tag,
er selbst

Starthilfe
Jean-Pascal sagt lächelnd zu Sandra, sie brauche gar nicht eifersüchtig zu sein, ...

7 Schreibe einen Einleitungssatz für die Inhaltsangabe in dein Heft.
– Gib darin kurz und prägnant an, wovon die Kurzgeschichte handelt.
– Du kannst die Wörter und Wortgruppen vom Rand verwenden.

das Zerbrechen,
die Liebesbeziehung,
Jugendliche,
unerwartete Wendung,
die Kurzgeschichte

Starthilfe
Die Kurzgeschichte „Schüleraustausch" von Annette Weber handelt von ...

Mithilfe deiner Ergebnisse schreibst du die Inhaltsangabe.

8 **a.** Schreibe eine Inhaltsangabe zu der Kurzgeschichte in dein Heft.
– Beachte dabei deinen Arbeitsauftrag auf Seite 35.
– Beachte die Arbeitstechnik „Eine Inhaltsangabe schreiben".
– Verwende mindestens einen Satz in indirekter Rede aus Aufgabe 6.
b. Überarbeite dein Ergebnis mit der folgenden Checkliste.

Checkliste: Inhaltsangabe	ja	nein
Habe ich in der **Einleitung** Autor, Titel, Textsorte und Thema genannt?	☐	☐
Habe ich im **Hauptteil** die wichtigsten Ereignisse der Handlung mithilfe der Handlungsbausteine zusammengefasst?	☐	☐
Habe ich **wörtliche Rede** durch **indirekte Rede** oder eigene Worte ersetzt?	☐	☐
Habe ich im **Präsens** geschrieben?	☐	☐

Eine Inhaltsangabe überarbeiten

Du überarbeitest eine Inhaltsangabe zu der Kurzgeschichte.

Achtung: Fehler!

1 Lies die folgende Inhaltsangabe genau.

Inhaltsangabe

In der Kurzgeschichte von Annette Weber geht es um Sandra und ihre Liebe
zu Stefan. Beide reisten von der Schule aus nach Sens in Frankreich. Sandra
freute sich auf die Zeit mit ihrem Freund. Am Bahnhof sah Stefan eine hübsche
Französin und vertauschte einfach die Adressen der Gastschüler, damit er zu
5 dieser Chantal kommt. Sandra ist wütend. Sie wohnt jetzt bei Jean-Pascal.
Während der Besichtigung einer Kathedrale sieht Sandra, dass sich Stefan mit
derselben Masche an Chantal heranmacht wie zuvor an Sandra. Der ist doch
das Allerletzte, denn er lässt seine Freundin einfach sitzen. Jean-Pascal und
Sandra flüchten in ein Café. Dort will er sie trösten und hat gesagt: „Du brauchst
10 gar nischt eifersüchtig zu sein. Weil sie nämlich jedem den Kopf verdreht ..."

reisen

_____

_____

_____

_____

_____

2 Überprüfe den Einleitungssatz. Welche wichtige Information fehlt?
Schreibe die fehlende Information auf.

_____

3 Fünfmal stimmt die Zeitform nicht. Streiche die falschen Zeitformen durch.
Schreibe die richtigen Zeitformen am Rand auf.

4 Ein Satz gibt eine persönliche Meinung wieder. Streiche diesen Satz.

5 In der Inhaltsangabe gibt es wörtliche Rede. Streiche diese Stelle durch.
   – Schreibe diese Stelle einmal in indirekter Rede auf.
   – Gib diese Stelle ein zweites Mal mit eigenen Worten wieder.

Indirekte Rede: *Dort will er sie trösten und sagt, sie* _____

_____

In eigenen Worten: *Dort will er sie trösten. Sandra muss nicht* _____

_____

6 In der Inhaltsangabe fehlen wichtige Teile der Kurzgeschichte. Welche?
Schreibe die fehlenden Informationen in Stichworten auf die Linien.
Tipp: Stelle Fragen zu den Handlungsbausteinen, um Ideen zu bekommen.

der Plan von Jean-Pascal, _____

_____

_____

_____

Wunsch	
Reaktion	Hindernis
	Ende

7 Schreibe die Inhaltsangabe verbessert in dein Heft.
   – Verzichte auf Umgangssprache.
   – Verwende deine Ergebnisse aus den Aufgaben 2 bis 6.

Starthilfe

In der Kurzgeschichte
„Schüleraustausch" von
Annette Weber geht es
um Sandra ...

8 Überprüfe dein Ergebnis mit der Checkliste von Seite 37.

Weiterführendes: Einen Brief aus der Sicht einer Figur schreiben

Dein Arbeitsauftrag

- **Zusatzaufgabe:** Sandra und Stefan berichten ihren besten Freunden jeweils
  in einem Brief von ihren Erlebnissen, Gefühlen und Gedanken in Sens.
  Versetze dich in Sandras **oder** Stefans Situation und schreibe einen Brief.

1 Überprüfe zuerst, ob du die Aufgabe richtig verstanden hast.
Kreuze nur die zwei richtigen Aussagen an.

- ☐ Ich soll aus Sandras und Stefans Sicht jeweils einen Brief schreiben.
- ☐ Ich soll die Geschichte mit allen Details in einem Brief nacherzählen.
- ☐ Ich soll mich in Stefan oder Sandra hineinversetzen.
- ☐ Ich soll einen Brief an Sandra von ihrer besten Freundin schreiben.
- ☐ Ich soll in dem Brief von Erlebnissen, Gedanken und Gefühlen berichten.

2 Wie schreibst du diesen Brief aus Sicht einer Figur aus der Geschichte?
Ergänze die Lücken mit den Wörtern vom Rand.

> Informationen, Anrede,
> Fragen, Figur, Gefühle,
> Geschichte, Gedanken,
> Empfänger,
> Umgangssprache,
> nachvollziehen

Ein persönlicher Brief beginnt mit einer freundlichen _____ . Einen

Brief an gleichaltrige Jugendliche darf man in der _____

schreiben. Man kann _____ und _____ äußern.

Damit der Brief für den _____ interessant ist, sollte man

sie oder ihn ansprechen. Das kann man zum Beispiel durch _____ tun.

Man sollte so schreiben, dass der Empfänger alles _____

kann. Das Wichtigste ist aber, dass alle _____ in dem

Brief genau zu der _____ und der _____ passen.

3 Schreibe die Lösung der Zusatzaufgabe in dein Heft.

Du überarbeitest einen Brief, der aus Sandras Sicht geschrieben wurde.

Liebe Sandra,

*wie geht es dir? Bestimmt nicht so toll wie mir hier in Frankreich. Ich
habe dir viele Neuigkeiten zu berichten. Stell dir mal vor, Stefan hat sich
gleich am ersten Tag an eine Französin rangemacht. Er hat einfach
die Adressen vertauscht, um bei Chantal zu wohnen. Eigentlich war sie
meine Austauschschülerin. Dann hat er was von offenen Beziehungen
gelabert und mich vor der Kirche stehen lassen. So bin ich zur Familie
Lebrun gekommen und habe Jean-Pascal kennen gelernt. Der hat keine
gute Meinung von Chantal, weil sie wohl jedem Mann den Kopf verdreht.
Bis bald dann, Sandra.*

Achtung: Fehler!

> Du kannst dir
> vielleicht denken,
> wie ich mich ...
> Der ist bei mir ...
> das kannst du mir
> glauben.
> In dem Moment hätte
> ich dich am liebsten ...

4 Überarbeite und ergänze den Brief. Berichtige dabei zwei klare Fehler.
- Ergänze passende Äußerungen von Gefühlen und Gedanken.
  Tipp: Lies dazu die Zeilen 34–35, 40–42, 59–66, 85–90, 110–112, 122.
- Verwende Formulierungen vom Rand, um den Empfänger anzusprechen.
- Berichte auch über das Ende der Ereignisse in Sens.

Dein Arbeitsauftrag

Untersuche die Kurzgeschichte „Sonntag" mithilfe folgender Teilaufgaben:
- Schreibe eine Inhaltsangabe. Berücksichtige die Erzählperspektive.
  Gib Teile aus Gesprächen nur in indirekter Rede wieder.
- **Zusatzaufgabe:** „Daniela wusste genau, dass ihre Noten weder in
  Mathematik noch in Französisch genügten." (Zeile 13)
  Daniela fordert in einem Brief an ihren Vater seine Hilfe in Mathematik.
  Schreibe diesen Brief. Äußere dabei Danielas Ziele, Gedanken und Gefühle.

Sonntag – Max Bolliger

„Was möchtest du?", fragte der Vater.

Daniela studierte die Karte und entschied sich für Riz colonial.

„Gern!", sagte der Kellner. Er behandelte Daniela wie eine Dame.

Das Restaurant war bis auf den letzten Platz besetzt. Am Nebentisch saß ein Ehepaar mit zwei Kindern.

5   Die beiden stritten sich wegen einer kleinen Puppe aus Plastik. Die Mutter versuchte, den Streit zu
schlichten. Daniela sah, wie der Junge seine Schwester unter dem Tisch dauernd mit den Füßen stieß.
Das Dessert machte dem Gezanke ein Ende.

Daniela erinnerte sich, wie sehnlichst sie sich einmal ein Schwesterchen gewünscht hatte.

„Wie geht es in der Schule?", fragte der Vater.

10 „Wie immer", antwortete Daniela.

„Wird es fürs Gymnasium reichen?"

„Ja, ich hoffe es."

Daniela wusste genau, dass ihre Noten weder in Mathematik noch in Französisch genügten. Dann eben
eine kaufmännische Lehre ... oder Arztgehilfin ... Sie wollte jetzt nicht daran denken.

15 „Für mich waren Prüfungen nie ein Problem", sagte der Vater.

Daniela war froh, als der Kellner das Essen brachte. Der Reis mit Fleisch und Früchten schmeckte ihr.

„Deine Mutter konnte nie richtig kochen", sagte der Vater. Daniela gab darauf keine Antwort.

„Ich brauche einen neuen Wintermantel", sagte sie.

„Schon wieder?"

20 „Ich bin seit dem letzten Jahr zehn Zentimeter gewachsen."

„Wofür bezahl ich eigentlich Alimente?"

„Mutter sagt, das Geld reiche nur für das Nötigste."

„Gut! Aber ich will die Rechnung sehen."

„Wünschen die Herrschaften ein Dessert?"

25 Der Kellner versuchte, mit Daniela zu flirten.

„Nein, danke!", sagte sie, obwohl sie sich heute früh in der Kirche ausgedacht hatte, Vanilleeis mit heißer
Schokoladensoße zu essen. Nach dem Essen fuhren sie am See entlang.

Der Vater hatte ein neues Auto. Er sprach über Autos wie die Jungen in der Schule. Daniela verstand
nicht, warum man sich über ein Auto freuen konnte, nur weil es einen starken Motor hatte. Aus dem

30 Radio erklang Volksmusik. Sie fiel Daniela auf die Nerven. Aber sie stellte sie trotzdem lauter.

„Hast du viel Arbeit?", fragte sie.

„Wir bauen eine neue Fabrik." Der Vater war Ingenieur. Daniela betrachtete ihn von der Seite, neugierig,
wie einen Gegenstand. Sein Gesicht war braun gebrannt, sportlich. Der Schnurrbart stand ihm gut.
Hatte er ihre Gedanken erraten?

35 „In zwei Wochen werde ich vierzig! Aber alle schätzen mich jünger." Daniela lachte. Ihr schien er älter.

„Wie alt bist du eigentlich?"

„Hundert!", sagte Daniela.

„Nein, ehrlich ...!"

„Das solltest du doch wissen. Du fragst mich jedes Mal ... Im Februar dreizehn."

40 „Dreizehn! Hast du einen Freund?"

„Nein!", sagte Daniela.

„Das wundert mich. Du siehst hübsch aus!"

„Findest du?"

„So … erwachsen!"

45 Auf einer Terrasse am See tranken sie Kaffee. Daniela beobachtete die Segelschiffe. Der schöne Herbst-
sonntag hatte unzählige Boote aufs Wasser hinausgelockt. Der Vater war verstummt und schaute alle
fünf Minuten auf seine Uhr.

„Ich habe um vier Uhr eine Verabredung."

„Also, gehen wir doch", sagte Daniela und erhob sich.

50 Der Vater schien erleichtert. „Ich bringe dich nach Hause", sagte er.

„Ach, du bist schon wieder da?", sagte die Mutter. Sie war noch immer im Morgenrock. Während der
Woche arbeitete sie halbtags in einer Modeboutique.

„Sonntags lasse ich mich gehen", sagte sie zu ihren Freunden, „sonntags bin ich nicht zu sprechen."

„Er hatte eine Verabredung", erzählte Daniela.

55 Die Mutter lachte.

„Ich möchte wissen, warum er eigentlich darauf besteht, dich zu sehen. Im Grunde liegt ihm doch nichts
daran. Nur weil es das Gericht so entschieden hat und um mich zu ärgern."

Daniela wurde wütend.

„Es geht ihm ausgezeichnet", sagte sie. „Er hat sich ein neues Auto gekauft und sieht prima aus."

60 Die Mutter zuckte bei ihren Worten zusammen.

„Und den Wintermantel?", fragte sie.

„Bewilligt!"

Die Mutter griff sich mit der Hand an die Stirne.

„Diese Kopfschmerzen!", stöhnte sie. „Hol mir eine Tablette im Badezimmer!"

65 Daniela gehorchte.

„Ich gehe jetzt", sagte sie nachher.

„Hast du keine Aufgaben?"

„Nein!"

„Aber komm nicht zu spät zurück!"

70 „Ich esse bei Brigitte."

„Gut, bis neun Uhr. Ich lege mich wieder hin."

Als Daniela die Tür des Lokals öffnete, schlug ihr eine Welle von Rauch- und Kaffeegeruch entgegen.
An den niederen Tischen saßen junge Leute, die meisten in Gespräche vertieft. Die Wände waren
mit Postern tapeziert. Danielas Augen gewöhnten sich allmählich an das Halbdunkel. Suchend schaute

75 sie sich um. Der Diskjockey nickte Daniela zu.

„Well, I left my happy home to see what I could find out", sang Cat Stevens.

Ja, er hatte recht. Um herauszufinden, wie die Welt wirklich war, musste man
sein Zuhause verlassen. Heinz hatte Daniela den Text übersetzt. Heinz war schon
sechzehn Jahre alt. Sie war stolz darauf. Er saß in einer Ecke und winkte.

80 Aufatmend setzte sich Daniela neben ihn. Er legte einen Arm um ihre Schultern.

„Hast du den Sonntag überstanden?", fragte er.

„Ja, Gott sei Dank!"

„War es schlimm?"

„Es geht … wie immer."

85 „Mach dir nichts draus."

Daniela kuschelte sich an ihn.

„Was meinst du, werden wir es besser machen?", fragte sie. „Wenn wir einmal
erwachsen sind?" In ihrer Stimme klangen Zweifel.

„Natürlich", sagte Heinz, „natürlich werden wir es besser machen."

1 Lies den Arbeitsauftrag genau und bearbeite ihn.

Z **2** Was willst du machen wie deine Eltern? Was willst du anders machen?
Schreibe einen Tagebucheintrag über deine Zukunftspläne.

Aufgabe 1: ___ /50 Punkte

Aufgabe 2: ___ /30 Punkte

Gesamtpunktzahl: ___ /80 Punkte

Zu einer Ballade schreiben

Du erkennst Merkmale der Ballade und schreibst eine Inhaltsangabe.

1 Lies die Ballade mithilfe des Textknackers.
Achte dabei auf die Handlung, die Gedichtform und auf Dialoge.

➤ Die Arbeitstechnik „Der Textknacker für literarische Texte" findest du in der vorderen Klappe.

Die Goldgräber

Emanuel Geibel (1815–1884)

Sie waren gezogen über das Meer,
Nach Glück und Gold stand ihr Begehr,
Drei wilde Gesellen, vom Wetter gebräunt,
Und kannten sich wohl und waren sich freund.

5 Sie hatten gegraben Tag und Nacht,
Am Flusse die Grube, im Berge den Schacht,
In Sonnengluten und Regengebraus,
Bei Durst und Hunger hielten sie aus.

Und endlich, endlich, nach Monden voll Schweiß,
10 Da sahn aus der Tiefe sie winken den Preis,
Da glüht es sie an durch das Dunkel so hold,
Mit Blicken der Schlange, das feurige Gold.

Sie brachen es los aus dem finsteren Raum,
Und als sie 's fassten, sie hoben es kaum,
15 Und als sie 's wogen, sie jauchzten zugleich:
„Nun sind wir geborgen, nun sind wir reich!"

Sie lachten und kreischten mit jubelndem Schall,
Sie tanzten im Kreis um das blanke Metall,
Und hätte der Stolz nicht bezähmt ihr Gelüst,
20 Sie hätten 's mit brünstiger Lippe geküsst.

Sprach Tom, der Jäger: „Nun lasst uns ruhn!
Zeit ist 's, auf das Mühsal uns gütlich zu tun.
Geh, Sam, und hol uns Speisen und Wein,
Ein lustiges Fest muss gefeiert sein."

25 Wie trunken schlenderte Sam dahin
Zum Flecken hinab mit bezaubertem Sinn;
Sein Haupt umnebelnd beschlichen ihn sacht
Gedanken, wie er sie nimmer gedacht.

Die andern saßen am Bergeshang,
30 Sie prüften das Erz und es blitzt' und es klang.
Sprach Will, der Rote: „Das Gold ist fein;
Nur schade, dass wir es teilen zu drei'n!"

„Du meinst?"– „Je nun, ich meine nur so.
Zwei würden des Schatzes besser froh" –
35 „Doch wenn –" – „Wenn was?" „Nun, nehmen wir an,
Sam wäre nicht da" – „Ja, freilich, dann –" –

Sie schwiegen lang; die Sonne glomm
Und gleißt' um das Gold; da murmelte Tom:
„Siehst du die Schlucht dort unten?" – „Warum?"
40 „Ihr Schatten ist tief und die Felsen sind stumm." –

„Versteh ich dich recht?" – „Was fragst du noch viel!
Wir dachten es beide und führen 's ans Ziel.
Ein tüchtiger Stoß und ein Grab im Gestein,
So ist es getan und wir teilen allein."

45 Sie schwiegen aufs neu. Es verglühte der Tag,
Wie Blut auf dem Golde das Spätrot lag;
Da kam er zurück, ihr junger Genoss,
Von bleicher Stirne der Schweiß ihm floss.

„Nun her mit dem Korb und dem bauchigen Krug!"
50 Und sie aßen und tranken mit tiefem Zug.
„Hei lustig, Bruder! Dein Wein ist stark;
Er rollt wie Feuer durch Bein und Mark.

Komm, tu uns Bescheid!" – „Ich trank schon vorher;
Nun sind vom Schlafe die Augen mir schwer.
55 Ich streck ins Geklüft mich." – „Nun, gute Ruh!
Und nimm den Stoß, und den dazu!"

Sie trafen ihn mit den Messern gut;
Er schwankt' und glitt im rauchenden Blut.
Noch einmal hub er sein blass Gesicht:
60 „Herr Gott im Himmel, du hältst Gericht!

Wohl um das Gold erschluget ihr mich;
Weh euch! Ihr seid verloren, wie ich.
Auch ich, ich wollte den Schatz allein,
Und mischt' euch tödliches Gift an den Wein."

Den Inhalt erschließen

In der Ballade entdeckst du seltene und veraltete Wörter.

1 **a.** Finde und unterstreiche die folgenden Wörter in der Ballade.
b. Kreuze jeweils die für diesen Text richtige Bedeutung an.

das Begehr	☐ der Weg	☐ der Wunsch	☐ das Ziel
der Flecken	☐ ein Feld	☐ ein Fleck	☐ eine Siedlung
sacht	☐ langsam	☐ unvorsichtig	☐ stark
gleißt'/gleißte	☐ glänzen	☐ schleichen	☐ geistern
tu uns Bescheid	☐ gib den Brief	☐ trink mit uns	☐ gib uns Nachricht
das Geklüft	☐ das Bett	☐ die Felsen	☐ das Nachtzeug

Die Ballade erzählt eine Geschichte.

2 Worum geht es in der Ballade? Schreibe zwei bis drei Sätze auf.

_____

_____

_____

3 Beantworte die folgenden Fragen zu den **Handlungsbausteinen**
in ganzen Sätzen, durch passende Zitate oder durch Ankreuzen.

a) Wer sind die **Hauptfiguren** in der Ballade und wie heißen sie?

_____

b) In welcher **Situation** befinden sich die Hauptfiguren am Anfang des Textes?

_____

c) Welchen **Wunsch** haben die Hauptfiguren? Zitiere eine Zeile aus dem Text.

_____

d) Welches **Hindernis** steht der Erfüllung des Wunsches entgegen? Kreuze an.

☐ Das Gold reicht nicht für drei. ☐ Die Gier der Männer.
☐ Das Gold ist verflucht. ☐ Durch den Alkohol gibt es Streit.

e) Was ist das **Ende** der Ballade?

_____

Als Merkmal einer Ballade erkennst du Dialoge, wie in den Zeilen 51–56.
Den Dialog könntest du wie in einem Theatertext (Drama) aufschreiben:

Will und Tom: „Hei lustig, Bruder! (...) Komm, tu uns Bescheid!"
Sam: „ Ich trank schon vorher; nun sind vom Schlafe die Augen mir schwer.
Ich streck ins Geklüft mich."
Will und Tom: „Nun, gute Ruh! Und nimm den Stoß, und den dazu!"

4 Schreibe den Dialog aus den Strophen 8–11 (Zeilen 31–44) genauso auf.
Achte dabei auf die Wechsel der Sprecher. Schreibe in dein Heft.

> **Starthilfe**
>
> Will: „Das Gold ist fein; nur schade, dass wir es teilen zu drei'n!"
> Tom: „Du meinst?"
> Will: „...."

Die Form erschließen

Du findest in der Ballade Merkmale von Gedichten.

1 Aus wie vielen Strophen besteht die Ballade?
Und wie viele Zeilen hat eine Strophe? Schreibe einen Satz auf.

_____

_____

2 **a.** Welche Reime gibt es? Nummeriere die Strophen im folgenden Schema
und bezeichne jeden neuen Reim mit einem neuen Buchstaben.
   Tipp: Du benötigst das ganze Alphabet und zusätzlich das **ä**.

b. Welche Reime wiederholen sich? Markiere gleiche Reime in einer Farbe.

Strophe _1_	Strophe ___	Strophe ___	Strophe ___	Strophe ___	Strophe ___
Meer _a_	Raum ___	dahin ___	glomm ___	Krug ___	mich ___
Begehr _a_	kaum ___	Sinn ___	Tom ___	Zug ___	ich ___
gebräunt _b_	zugleich ___	sacht _c_	Warum ___	stark ___	allein _l_
freund _b_	reich ___	gedacht ___	stumm ___	Mark ___	Wein ___
Strophe _2_	**Strophe ___**	**Strophe ___**	**Strophe ___**	**Strophe ___**	
Nacht _c_	Schall ___	Bergeshang ___	viel ___	vorher ___	
Schacht ___	Metall ___	klang ___	Ziel ___	schwer ___	
-gebraus ___	Gelüst ___	fein _l_	Gestein _l_	Ruh ___	
aus ___	geküsst ___	drei'n ___	allein ___	dazu ___	
Strophe ___	**Strophe ___**	**Strophe ___**	**Strophe ___**	**Strophe ___**	
Schweiß ___	ruhn ___	so ___	Tag ___	gut ___	
Preis ___	tun ___	froh ___	lag ___	Blut ___	
hold ___	Wein _l_	an ___	Genoss ___	Gesicht ___	
Gold ___	sein ___	dann ___	floss ___	Gericht ___	

c. Welches Reimschema hat die Ballade? Kreuze es an.

Das Reimschema der Ballade „Die Goldgräber" ist ein …

☐ … Kreuzreim.   ☐ … Paarreim.   ☐ … umarmender Reim.

Die Überschrift enthält zwei für diese Ballade wichtige Wörter.

3 Aus welchen zwei Wörtern besteht das Nomen in der Überschrift?
a. Zerlege das Nomen aus der Überschrift in seine beiden Bestandteile.
b. Welche anderen Wörter in der Ballade passen zu diesen zwei Wörtern?
Markiere alle diese Wörter in zwei verschiedenen Farben.
c. Schreibe die markierten Wörter geordnet auf. Gib in Klammern die Zeile an.

Goldgräber = _____ + _____

   den Preis (Zeile 10)   _die Grube (Zeile 6)_

   _____   _____

   _____   _____

Z 4 Welche zweite Bedeutung könnte die Überschrift „Goldgräber" haben?

   1. Leute, die nach Gold graben. 2. _____

Zu Inhalt und Form einer Ballade schreiben

In einer Inhaltsangabe beschreibst du die Ballade möglichst sachlich.

1 Ergänze die Einleitung. Schreibe ein bis zwei Sätze.

In der Ballade „_____" von _____

geht es um _____

_____

_____

2 Fasse die Handlung der Ballade in eigenen Worten zusammen.
Du kannst dafür dein Ergebnis aus Aufgabe 3 von Seite 43 verwenden.
Schreibe in ganzen Sätzen in dein Heft.
– Nutze dabei die Arbeitstechnik „Eine Inhaltsangabe schreiben".
– Schreibe im Präsens und vermeide wörtliche Rede.

> ➤ Die Arbeitstechnik „Eine Inhaltsangabe schreiben" findest du vorne auf der inneren Umschlagseite.

Starthilfe

Die drei Goldgräber Tom, Will und Sam suchen gemeinsam nach Gold. Nach monatelangen Mühen …

3 Schreibe die Inhaltsangabe vollständig in dein Heft.
Verwende dabei die Ergebnisse aus den Aufgaben 1 und 2.

4 Bewerte das Verhalten der Figuren in der Ballade.
Schreibe dazu zwei bis drei Sätze in dein Heft.

5 Ergänze die folgende Beschreibung der Form und Merkmale der Ballade.
Du kannst dafür deine Ergebnisse von Seite 43 unten und Seite 44 verwenden.

Die Ballade besteht aus _____ Strophen mit jeweils _____ Zeilen.

Das Reimschema ist der _____ . Bereits die Überschrift nennt

zwei für den Text wichtige Dinge: _____ und _____ . Es gibt

mehrere Dialoge, zum Beispiel in den Zeilen ____ – ____ und ____ – ____ .

Z **Balladen handeln oft von Ereignissen, die wirklich geschehen sind.**

Hintergrundwissen: 1848 entdeckte ein Arbeiter in der Nähe von San Francisco in den USA das erste „nugget" (einen Goldklumpen). Emanuel Geibel schrieb die Ballade „Die Goldgräber" im Jahr 1870.

6 a. Lies das Hintergrundwissen.
b. Wie könnte eine kurze Zeitungsnotiz in einer Rubrik „Aus aller Welt" lauten, die Geibel zu seiner Ballade veranlasst hat? Schreibe drei Sätze auf.
Du kannst die Wörter und Wortgruppen vom Rand verwenden.

San Francisco: _____

_____

_____

_____

_____

> entdeckt,
> drei Goldgräber, Leichen,
> großer Goldklumpen,
> gefunden, offenbar,
> Streit, getötet,
> gegenseitig

Rechtschreibhilfen

Rechtschreibhilfen helfen dir, richtige Entscheidungen zu treffen.
Die drei wichtigsten Rechtschreibhilfen sind das Gliedern, das Verlängern
und das Ableiten.

Gliedern – verlängern – ableiten

Merkwissen

Beim **Gliedern** zerlegst du mehrsilbige Wörter in Sprechsilben,
z. B.: **Er | eig | nis | se** .

gliedern

Mein erster Tag im Praktikum

Irgendetwas geht immer schief. An meinem ersten **Praktikumstag** waren es
gleich mehrere Dinge. Erst wollte ich **hinübergehen** zur **Bushaltestelle**, aber
dort standen schon keine **Fahrgäste** mehr. **Höchstwahrscheinlich** hatte ich
den Bus verpasst. Ich musste zu Fuß den Berg **hinunterlaufen**. Jedenfalls kam
ich zu spät in das Krankenhaus, in dem ich mein **Betriebspraktikum** mache.
Aber niemand **erwartete** mich. **Irgendwann** fand ich trotzdem die Station und
das Praktikum begann, wenn auch **verspätet**.

1 **a.** Zerlege die blau gedruckten Wörter in Sprechsilben. Schreibe in dein Heft.
   b. Ordne die Wörter nach der Anzahl ihrer Silben in die Tabelle.
      Ergänze bei den Nomen die Artikel.

Starthilfe

das Prak|ti|kum, …

drei Silben	vier Silben	fünf Silben
das Praktikum,		

2 Schreibe den Text „Mein erster Tag im Praktikum" in dein Heft ab.

Merkwissen

Durch **Verlängern** kannst du Endbuchstaben hörbar machen,
z. B.: **Pferd** – **Pferde**, **er siegt** – **siegen**, **wütend** – **wütende**.

verlängern

3 **a.** Lies das Merkwissen über der Aufgabe.
   b. Verlängere die Verbformen: Bilde den Infinitiv.
      Schreibe den Infinitiv und die Verbform richtig auf die Linien.

er ke ▮ t **(n/nn)**   *kennen* ____   also   *er kennt* ____

sie sie ▮ t **(g/k)**   ____   also ____

sie su ▮ t **(m/mm)**   ____   also ____

er lie ▮ t **(b/p)**   ____   also ____

er bie ▮ t **(g/k)**   ____   also ____

es stau ▮ t **(b/p)**   ____   also ____

4 Verlängere die Adjektive. Bilde dazu die Steigerungsformen
Schreibe die Steigerungsformen und die Grundform richtig auf die Linien.

ruh⬛ **(g/k)** _ruhiger_ _____ also _ruhig_ _____

mil⬛ **(d/t)** _____ also _____

lie⬛ **(b/p)** _____ also _____

fähi⬛ **(g/k)** _____ also _____

Starthilfe
die Herde – also: der Herd, ...

5 Verlängere die folgenden Nomen: Bilde dazu den Plural.
Schreibe den Plural und den Singular richtig in dein Heft.

> der Her⬛ (d/t), der Betrie⬛ (b/p), die Fabr⬛ (g/k), das Lie⬛ (d/t),
> die Wan⬛ (d/t), die Bur⬛ (g/k), der Vertra⬛ (g/k), der Schu⬛ (b/p)

Merkwissen

> **ä/äu oder e/eu?** Wenn du nicht sicher bist, kannst du das Wort **ableiten**.
> Findest du ein verwandtes Wort mit **a/au**, dann schreibe **ä/äu**,
> z. B.: die W**ä**lder – der W**a**ld   die B**äu**me – der B**au**m.

ableiten

Starthilfe
der Verdacht – also:
verdächtig, ...

6 Leite die Wörter ab. Finde jeweils ein verwandtes Wort mit **a/au** oder **ä/äu**.
Schreibe die Wortpaare richtig in dein Heft.

> verd⬛chtig, ⬛ßerlich, kr⬛ftig, h⬛fig, der Verk⬛fer, das Gep⬛ck,
> aufr⬛men, m⬛chtig

Starthilfe
die Sprache – also:
das Gespräch,

7 Entscheide die Schreibung der im Text blau gedruckten Wörter.
Verfahre wie in Aufgabe 6. Schreibe in dein Heft.

Ein ernstes Gespr⬛ch

„Nächstes Jahr werde ich ein Praktikum machen", **erkl⬛rt** Sarah ihren Eltern,
„ich dachte an eine Tischlerei." „Wie kommst du denn darauf?", fragt Sarahs
Vater **ungl⬛big**, „in Mathe bist du doch nur **mittelm⬛ßig**."
„Aber sonst **f⬛llt** mir nichts ein", antwortet Sarah. „Wo sind denn deine
schulischen **St⬛rken**?", fragt ihre Mutter. „Ich kann gut argumentieren."
„Mach dein Praktikum doch in einem Geschäft und probier aus, ob
du **Verk⬛ferin** werden möchtest", **schl⬛gt** Sarahs Vater vor.

8 Schreibe den Text vollständig in dein Heft ab.

Einige Wörter kannst du nicht ableiten. Es sind Merkwörter.

9 **a.** Schreibe die Wörter aus dem Kasten einmal auf die Linien.
b. Wähle drei Wörter aus. Schreibe eigene Sätze.

> sich sträuben, die Gräte, vorwärts, das Gerät, gähnen, sägen, ähnlich, schräg,
> fähig, die Säule, sich räuspern, träge, grässlich, erwähnen

sich sträuben, _____

_____

Mit Wortfamilien üben

Merkwissen

Manche Wörter sind miteinander verwandt und bilden **Familien**.
Die Mitglieder einer Wortfamilie haben denselben **Wortstamm**.
Gleiche Wortstämme schreibt man meist gleich,
z. B.: be**sitz**en, er **sitz**t, die **Sitz**ung.

1 **a.** Markiere im Kasten die Wortstämme der Wortfamilien **halten** und **stürzen**
mit zwei unterschiedlichen Farben.
b. Ordne die Wörter der Wortfamilien in eine Tabelle im Heft ein.

haltbar, der Sturzflug, überstürzen, der Absturz, die Haltbarkeit, haltlos,
losstürzen, die Haltestelle, umstürzen, das Halteverbot, das Verhalten,
einstürzen, die Haltung, der Sturzregen, abhalten, der Sturzhelm,
herunterstürzen, der Aufenthalt

Starthilfe

Wortfamilien	
halten	stürzen
haltbar, ...	der Sturzflug, ...

2 **a.** Markiere im Text alle Mitglieder der Wortfamilien **nehmen** mit Blau.
b. Markiere im Text Wörter aus der Wortfamilie **binden** mit Gelb.

Teamarbeiter gesucht

Immer mehr Arbeitgeber nehmen nur Bewerberinnen und Bewerber, die
teamfähig sind. Sie binden diese gern an ihre Firma, wenn sie außerdem
über eine einnehmende Persönlichkeit verfügen. Die Verbindung von
gutem Benehmen und Teamfähigkeit ist dabei entscheidend. Wenn
die Bewerber die Stelle annehmen und ihre verbindliche Zusage geben,
kommt es zur Bindung der neuen Mitarbeiter durch einen Arbeitsvertrag.

3 **a.** Ordne die markierten Wörter der Wortfamilien in eine Tabelle im Heft ein.
b. Ergänze in deiner Tabelle je fünf Wörter zu den Wortfamilien **nehmen** und
binden. Verwende dazu die folgenden Bausteine.

Starthilfe

nehmen	binden
die Vernehmung, ...	unterbinden, ...

4 **a.** Markiere im Kasten die Wortstämme -**bind**-, -**band**-, -**bund**- (-**bünd**-).
b. Lege eine Tabelle in deinem Heft an. Schreibe die Wörter nach
Wortstämmen geordnet in die Tabelle.

abbinden, verbündet, der Verbund,
der Einband, zubinden, unterbinden,
das Halsband, linksbündig, das Fließband,
zeitgebunden, das Gummiband

Starthilfe

–bind–	–band–	–bund– (–bünd–)
abbinden, ...	der Einband	verbündet, ...

5 Schreibe den Text „Teamarbeiter gesucht" in dein Heft ab.

Das kann ich! – Rechtschreibhilfen nutzen

1 Verlängere die Wörter und schreibe beide Wörter auf die Linien.

der Erfol █ (g/k) _____ also _____

sie su █ t (m/mm) _____ also _____

das Schil █ (d/t) _____ also _____

es kli █ t (r/rr) _____ also _____

2 Leite die Wörter jeweils von einem verwandten Wort mit **a/au** oder **ä/äu** ab. Schreibe beide Wörter auf die Linien.

abr █ men _____ also _____

regelm █ ßig _____ also _____

die S █ re _____ also _____

das Gep █ ck _____ also _____

3 Welche Rechtschreibhilfe kannst du anwenden?
Ordne die Buchstaben richtig zu.

es brennt _____ A Ich suche nach einem verwandten Wort.

der Rand _____ B Ich verlängere, ich bilde den Infinitiv.

der Verkäufer _____ C Ich verlängere und bilde den Plural.

4 **a.** Ordne die Wörter in die Tabelle ein. Achte auf die richtige Schreibung.
b. Markiere in den Wörtern die Wortstämme –**bind**-, -**band**-, -**bund**-
und -**nehm**-, -**nahm**-, -**nomm**-.

Wortfamilie **binden**	Wortfamilie **nehmen**

unverbindlich,
die Annahme,
vernehmen,
die Anbindung,
ungebunden,
das Maßband,
benommen (sein),
verbinden,
das Unternehmen,
entnehmen

5 **a.** Markiere im Text alle Wörter der Wortfamilien **ziehen**, **zog**, **gezogen** und
laufen, **lief**, **gelaufen**.
b. Schreibe sie in dein Heft.

In der letzten langgezogenen Kurve der Laufbahn überholte sie
ihre Konkurrentinnen und gewann. Für den Staffellauf musste
sie sich nun schnell das Teamtrikot anziehen. Umgezogen nahm
sie die vierte Position der Staffel ein. Nach der dritten Läuferin
belief sich der Rückstand ihres Teams auf fast drei Sekunden,
aber sie zog trotzdem noch an allen vorbei.

Gesamtpunktzahl:

Großschreibung

1 Bilde Nomen aus den Adjektiven vom Rand.
Verwende dazu die starken Wörter aus dem Merkwissen.

nichts Gutes, _____

_____

gut, besonders,
neu, bunt, hübsch,
schlecht, falsch

2 Ergänze die Sätze mit passenden Wortgruppen.
Bilde Nomen aus den Adjektiven vom Rand.
Verwende dazu die starken Wörter aus dem Merkwissen.

Ich wünsche dir zum Geburtstag _alles_ _Gute_ .

Im Fernsehen kommt heute Abend _____ _____ .

In der Boutique fand Karla _____ _____ .

In der Zeitung stand _____ _____ .

Unsere Nachbarin erzählte mir _____ _____ .

gut,
schön,
neu,
interessant,
wichtig

3 Bilde mit Wochentagen und Tageszeiten Zusammensetzungen.
Schreibe in dein Heft.

Starthilfe

der Montagvormittag, ...

Montag, Dienstag, Mittwoch, Donnerstag, Freitag, Samstag, Sonntag,
der Morgen, der Vormittag, der Mittag, der Nachmittag, der Abend, die Nacht

4 **a.** Markiere im Text alle Wortgruppen mit Tageszeiten.
b. Schreibe den Text in dein Heft ab.
Achte auf die Wortgruppen mit den Tageszeiten.

Was für eine verflixte Woche!

Gestern Abend wollte ich eigentlich ins Kino. Doch gestern Nachmittag war ich beim Sport und danach so müde, dass ich gestern Abend nur noch schlafen wollte. Dafür war ich heute Morgen richtig munter. Trotzdem kann ich erst morgen Nachmittag ins Kino gehen. Der Film, den ich sehen will, läuft nämlich heute Abend nicht. Und heute Nachmittag bin ich schon verabredet. Und morgen Abend will ich das Fußballländerspiel auf keinen Fall verpassen!

5 **a.** Schreibe den Text ab. Entscheide dabei die Schreibung der Zeitangaben.
b. Markiere alle Zeitangaben in deinem Heft.

Starthilfe

Heute Mittag erhielt ich eine E-Mail von meiner Cousine.
...

Heute MITTAG erhielt ich eine E-Mail von meiner Cousine. Sie schreibt: „Hallo, Malik, ich komme am MITTWOCHABEND mit dem Zug an. Gestern NACHMITTAG habe ich mir noch einen Koffer gekauft. Heute ABEND packe ich und gehe früh ins Bett. Der Zug fährt morgen MITTAG und dann bin ich früh am ABEND schon bei dir. Ich freue mich. Nastasia.‟

Merkwissen

Wörter mit den Endungen **-ung**, **-heit**, **-keit** und **-nis** sind Nomen.
Sie werden großgeschrieben.

6 Schreibe die Nomen mit **-nis** und **-ung** vom Rand zu den passenden Verben. Ergänze die Artikel.

~~Kleidung~~, Wohnung, Ergebnis, Kreuzung, Entfernung, Erlebnis, Beschreibung, Heizung

kleiden	_die Kleidung_	entfernen	_____
beschreiben	_____	kreuzen	_____
heizen	_____	wohnen	_____
ergeben	_____	erleben	_____

7 Schreibe die Nomen mit **-heit** oder **-keit** vom Rand auf die passenden Linien. Ergänze die Artikel.

~~Wahrheit~~, Freiheit, Sauberkeit, Krankheit, Gesundheit, Sparsamkeit, Klugheit, Flüssigkeit

-heit: _die Wahrheit,_ _____

_____

-keit: _____

_____

Merkwissen

Aus Verben können Nomen werden. Der Artikel **das** und die starken Wörter **beim**, **zum**, **im**, **am** und **vom** machen's, z. B.:
arbeiten – **das** Arbeiten / **beim** Arbeiten / **zum** Arbeiten.

8 **a.** Markiere im Text die nominalisierten Verben mit ihren Begleitern.
b. Schreibe den Text in dein Heft ab.

Meine Sneakers trage ich beim Skaten, beim Tanzen und beim Einkaufen. Zum Arbeiten, zum Wandern und zum Laufen ziehe ich lieber feste Stiefel an. Ich will schließlich vom Gehen, vom Laufen und vom Rennen keine kaputten Füße bekommen.

9 Entscheide die Groß- oder Kleinschreibung der Wörter in Großbuchstaben. Schreibe den Text richtig in dein Heft.

Starthilfe

Das Stöbern in der Bibliothek macht mir großen Spaß. ...

Das STÖBERN in der Bibliothek MACHT mir großen Spaß. Beim DURCHSEHEN der Regale kann man lustige Bücher ENTDECKEN. Wenn man sich in der Bibliothek AUSKENNT, ist das eine Hilfe beim ARBEITEN. Wenn ich z. B. zum VORBEREITEN eines Referats in die Bibliothek GEHE, finde ich immer schnell, was ich SUCHE. Das LESEN wird mir nie langweilig, ich kann im STEHEN und im SITZEN Stunden damit VERBRINGEN.

Das kann ich! – Großschreibung

1 Ergänze die Merksätze.

Wörter mit den Endungen **-ung**, -_____ , -_____ und -_____ sind Nomen.

Sie werden _____geschrieben.

Aus _____ können Nomen werden. Die starken Wörter **alles**,

nichts, **allerlei**, **etwas**, **genug**, **viel** und **wenig** machen's!

Aus _____ können Nomen werden. Der Artikel _____ und

die starken Wörter **beim**, **zum**, **im**, **am** und **vom** machen's!

Nach **gestern**, _____ und _____ werden Tageszeiten

großgeschrieben.

2 Ergänze den Lückentext.
Bilde dazu Nomen aus den Verben und Adjektiven in Klammern.

Peters _____ **(beschreiben)** des Unfalls war spannend.

Als die _____ **(flüssig)** aus dem umgestürzten Tank lief, war

die _____ **(gesund)** der Beteiligten durch ätzende Gase

gefährdet. Es war wohl ein schlimmes _____ **(erleben)**.

3 **a.** Groß- oder Kleinschreibung? Entscheide die Schreibung.
Ergänze die Lücken mit den Wörtern aus den Klammern.
b. Markiere nur die nominalisierten Verben.
c. Unterstreiche die starken Wörter, die aus Adjektiven Nomen machen.

Gestern _____ bin ich beim _____

fast eingeschlafen. Das _____ heute

_____ war qualvoll. Zum _____ gab es

heute _____ auch nichts _____ .

Aber am _____ gibt es meine Lieblings-

speise: Spagetti!

Etwas _____ kann ich mir gar nicht vorstellen.

| ABEND, |
| LESEN, |
| AUFSTEHEN, |
| MORGEN, |
| ESSEN, |
| MITTAG, |
| LECKERES, |
| MITTWOCH- |
| MITTAG, |
| KÖSTLICHERES |

4 Bilde Nomen mit den Adjektiven in Klammern.
Ergänze passende starke Wörter vom Rand.

Bei dem Unfall ist _____ _____ vorgefallen. **(schlimm)**

In letzter Zeit ist mir _____ _____ passiert. **(gut)**

Beim Praktikum lernt man _____ _____ . **(nützlich)**

Sie möchten _____ _____ zum Anziehen kaufen. **(hübsch)**

| viel, |
| etwas, |
| allerlei, |
| nichts, |
| wenig |

Gesamtpunktzahl:

Fremdwörter

Fremdwörter kann man oft an ihren **Endungen (Suffixen)** erkennen.
Viele Nomen haben die Endungen **-ie** oder **-ität**.
Viele Adjektive haben die Endung **-(i)ell**.

1 Markiere in den Fremdwörtern die Endungen.
Du kannst unterschiedliche Farben verwenden.

die Chemie, offiziell, die Qualität, die Theorie, generell, die Universität,
die Spezialität, speziell, die Demokratie, die Realität, die Biologie,
finanziell, die Fantasie, die Aktivität, aktuell

2 **a.** Ordne die Fremdwörter in die folgende Tabelle.
Denke bei den Nomen an die Artikel.
b. Ergänze in jeder Tabellenspalte ein weiteres Fremdwort.

Nomen auf **-ie**	Nomen auf **-ität**	Adjektive auf **–(i)ell**
die Chemie,		

3 Ergänze die Sätze mit passenden Fremdwörtern vom Rand.
Manchmal musst du die Endungen anpassen oder die Artikel weglassen.

die Qualität,
die Fantasie,
die Biologie,
die Demokratie,
industriell,
finanziell

Bei einer Ware ist die _____ besonders wichtig.

Der _____ sind keine Grenzen gesetzt.

Das Fach _____ beschäftigt sich mit dem Aufbau, den Funktionen

und dem Verhalten von Lebewesen, zum Beispiel von Pflanzen.

Deutschland ist keine Diktatur, sondern eine _____ .

Viele Produkte werden in Fabriken _____ hergestellt.

Meist suchen beide Geschäftspartner _____ Vorteile bei einem

Geschäft. Im Idealfall glauben beide, dass sie Gewinn gemacht haben.

Z 4 Erkläre die folgenden drei Fremdwörter. Schreibe in dein Heft.
– Verwende für die Erklärungen keine Fremdwörter.
– Du kannst Wörterbücher, Lexika oder das Internet nutzen.

die Theorie, generell, die Realität

Fremdwörter mit v: Viele Wörter, die mit **v** beginnen, sind Fremdwörter, z. B.: **die Violine** = die Geige.

5 Welche Bedeutung haben die Fremdwörter mit **v** am Rand?
Schreibe sie mit Artikeln zu den passenden Bedeutungen auf die Linien.
Bei Zweifeln kannst du ein Lexikon verwenden.

das Ventil,
die Vegetation,
die Vene,
variabel,
die Vitamine,
der Ventilator,
das Verb,
das Vakuum,
der Vulkan,
der Vokal,
das Volumen,
die Vision

der Pflanzenwuchs – _____

ein Blutgefäß – _____

eine Absperrvorrichtung – _____

ein Lüfter – _____

lebenswichtige Nahrungsbestandteile – _____

veränderlich – _____

luftleerer Raum – _____

Selbstlaut – _____

ein Feuerberg – _____

Erscheinung – _____

Tätigkeitswort – _____

Rauminhalt – _____

6 Schreibe alle Fremdwörter aus der Aufgabe noch einmal auf.

die Vegetation, _____

_____

_____

_____

7 Ergänze die Sätze mit passenden Fremdwörtern aus den Aufgaben 5 und 6.

Der Regenwald zeichnet sich durch eine üppige _____ aus.

Der Feuerberg Vesuv in der Nähe der Stadt Neapel ist ein _____.

Bei sommerlicher Hitze verschafft ein _____ Kühlung.

Wenn der Reifen am Fahrrad platt ist, kann das _____ kaputt sein.

Unsere Ernährung sollte ausreichend viele _____ enthalten.

Der Fachausdruck für den Rauminhalt eines Körpers ist _____.

Ein zum Herzen führendes Blutgefäß wird _____ genannt.

Die Buchstaben a, e, i, o und u sind _____.

Manche Menschen haben nachts Träume und tagsüber _____.

Die Teile einer Einbauküche können _____ zusammengesetzt werden.

Im Nebensatz steht das gebeugte _____ am Ende.

Ein luftleerer Raum ist ein _____.

Der Vulkan Vesuv bei Neapel in Italien

Verben auf -ieren: Viele von Fremdwörtern abgeleitete Verben enden auf **-ieren**, z. B.: **transportieren** (von: der **Transport**).

produzieren – die Produktion, organisieren – ...

8 Schreibe jedes Verb mit **-ieren** zusammen mit dem passenden Nomen aus dem unteren Kasten in dein Heft.

produzieren, organisieren, dokumentieren, interpretieren, protestieren, reparieren, rationieren, kritisieren, programmieren, funktionieren, tolerieren, informieren, fantasieren, riskieren

die Fantasie, die Information, die Produktion, das Programm, die Toleranz, das Risiko, das Dokument, die Organisation, der Protest, die Kritik, die Interpretation, die Reparatur, die Ration, die Funktion

9 Ergänze passende Verben mit **-ieren** aus Aufgabe 9.

Berufsberater _____ uns regelmäßig in der Schule.

Andere Meinungen seiner Mitmenschen sollte man _____ .

Diesen Computer solltest du neu _____ und danach

würde er vermutlich wieder viel besser _____ .

Fehlentscheidungen sollte man _____ – aber bitte sachlich.

Z **10** Schreibe mit drei weiteren Verben aus Aufgabe 9 eigene Sätze in dein Heft.

Das kann ich! – Fremdwörter

1 Ergänze die Merksätze.

Viele Fremdwörter, die **Nomen** sind, haben die Endungen _____ und _____ .

Viele Fremdwörter, die **Adjektive** sind, haben die Endung _____ .

Viele von Fremdwörtern abgeleitete _____ enden auf -_____ .

2 **a.** Ergänze zu vier Fremdwörtern passende Verben vom Rand.
b. Ergänze zu den letzten zwei Nomen selbst passende Verben auf **-ieren**.

motivieren,
ventilieren,
aktivieren,
protokollieren

aktiv – _____ das Ventil – _____

das Motiv – _____ das Protokoll – _____

die Funktion – _____ die Station – _____

3 Schreibe zu folgenden Verben verwandte Nomen mit Artikeln auf.

informieren – _____ kritisieren – _____

4 Ordne den Bedeutungen passende **Fremdwörter mit v** vom Rand zu.

das Volumen,
die Vegetation

Pflanzenwuchs – _____ Rauminhalt – _____

Punkte

/5 Punkte

/4 Punkte
/4 Punkte

/4 Punkte

/2 Punkte

Gesamtpunktzahl: /19 Punkte

Getrenntschreibung

Die Wortgruppen **Nomen** + **Verb** und **Verb** + **Verb** werden in der Regel **getrennt** geschrieben, z. B.:
Heute wollen wir **Rad fahren**. Ich möchte lieber **spazieren gehen**.

1 Im folgenden Text sind Getrenntschreibungen mit Nomen hervorgehoben.
  a. Markiere im Text zusätzlich alle Verbindungen aus zwei Verben blau.
  b. Übertrage alle Getrenntschreibungen aus dem Text in die folgende Tabelle.

Bettys Praktikum

Betty machte ihr Praktikum in einem Krankenhaus. Sie konnte auf dem Hin- und Rückweg **Rad fahren**. Während der drei Wochen musste sie den Anordnungen der Schwestern **Folge leisten** und durfte nichts falsch machen. Die Patienten sollten viel spazieren gehen. Betty musste sie begleiten und oft mit ihnen stehen bleiben. Andere wollten der Praktikantin nicht lästig werden und gingen lieber allein. In der letzten Woche durfte Betty die Kinderabteilung kennen lernen. Die Arbeit mit den Kindern fand sie ganz toll. Schade, dass alles so schnell vorbei war.

Nomen + Verb	Verb + Verb
Rad fahren,	

2 Ordne die folgenden Getrenntschreibungen in die Tabelle unter Aufgabe 1.

Ski laufen, sitzen bleiben, Alarm schlagen, stehen bleiben, Maß halten, laufen lassen, Feuer fangen, hängen bleiben, Auto fahren, Schlange stehen, Bus fahren, Not leiden, liegen lassen

3 **a.** Markiere in den folgenden Lückensätzen jeweils eine Getrenntschreibung.
  b. Ergänze in jeder Lücke eine passende Getrenntschreibung aus Aufgabe 2.
  c. Schreibe selbst zwei Sätze mit je einer Getrenntschreibung auf die Linien.

A Wenn wir Bus fahren, sollten wir beim Aussteigen nichts *liegen lassen.* _____

B Wenn wir Auto fahren, müssen wir lange Zeit _____

C Wenn wir Ski laufen, dürfen wir nicht mitten auf der Piste _____

D Wenn wir leicht Brennbares liegen lassen, kann es _____

_____

_____

_____

4 Schreibe den Text „Bettys Praktikum" in dein Heft.

Wortgruppen aus **Adjektiv + Verb** schreibt man in der Regel **getrennt**, z. B: **ruhig bleiben**.

5 Ergänze passende Wortgruppen aus **Adjektiv + Verb** vom Rand.

richtig machen,
lästig werden,
übrig bleiben,
rückgängig machen

Bei den Hausaufgaben möchte Peter alles _____ _____.

Wie viele Spaghetti werden für mich wohl _____ _____?

_____ _____ möchte ich durch meinen Besuch auf keinen Fall.

Der Schritt war falsch, den solltest du _____ _____.

Wortgruppen mit **sein** schreibt man **getrennt**, egal, welches Wort vor **sein** steht, z. B.: **an sein**, **aus sein**.

6 Ergänze im Text passende Wortgruppen mit **sein** vom Rand.

~~dabei sein~~,
vorbei sein,
gut sein,
aus sein,
glücklich sein

Wird Markus weiterhin *dabei sein* **?**

Nach dem verlorenen Spiel dachte Markus, jetzt würde alles _____ _____.

Wegen des vergebenen Elfmeters könnte er nie wieder _____ _____.

Doch der Trainer tröstete ihn und meinte, gar nichts würde _____ _____

und schon bald würde alles wieder _____ _____.

Z 7 Schreibe mit allen Wortgruppen aus Aufgabe 6 eigene Sätze in dein Heft.

Das kann ich! – Getrenntschreibung

Punkte

1 Welche Wortgruppen mit Verben werden in der Regel **getrennt** geschrieben? Ergänze den Merksatz.

Wortgruppen aus zwei _____, Wortgruppen aus **Nomen + Verb** und

_____ **+ Verb** sowie Wortgruppen **mit** _____ schreibt man meist getrennt.

/6 Punkte

2 a. Markiere im Text alle Wortgruppen aus **Nomen + Verb** blau.
b. Markiere alle Wortgruppen aus **zwei Verben** rot.

/3 Punkte
/3 Punkte

„Wollen wir heute Ski fahren?", fragte mich Tina nach der Schule. „Ach, nein", antwortete ich, „am Lift muss man so lange Schlange stehen und während der Fahrt dann auch noch stehen bleiben. Lass uns lieber Schlitten fahren oder spazieren gehen. Da können wir vielleicht auch jemanden kennen lernen."

3 Ergänze in Satz A drei **Wortgruppen aus Adjektiv + Verb** und in den Sätzen B drei **Wortgruppen mit sein** vom Rand.

aus sein,
richtig machen,
ruhig bleiben,
vorbei sein,
nervös werden,
an sein

A Du solltest in der Prüfung _____ _____ und nicht vor Aufregung

_____ _____ – dann wirst du bestimmt alles _____ _____.

/6 Punkte

B Tagsüber soll das Licht nicht ___ ____, sondern es muss ____ _____.

Merkt euch das, weil es mit der billigen Energie bald _____ ____ wird.

Gesamtpunktzahl: _____ /18 Punkte

Wörter mit h

Bei einigen Wörtern steht nach einem lang gesprochenen Vokal oder Umlaut ein **h**. Allerdings nur vor den Konsonanten **l**, **m**, **n** und **r**, z. B.:

Stu**h**l **äh**nlich.

langer Vokal vor l   langer Umlaut vor n

In den meisten Wörtern folgt nach einem langen Vokal **kein h**.

1 Markiere das **h** nach langem Vokal in den Wörtern im Kasten.

allmählich, die Bahn, belohnen, berühmt, bezahlen, ehrlich, erzählen, fahren, das Fahrrad, der Fehler, fühlen, die Gefahr, das Gefühl, ihm, ihn, ihr, das Jahr, die Lehrerin, mehr, nehmen, ohne, das Ohr, sehr, stehlen, der Stuhl, die Uhr, ungefähr, der Verkehr, wählen, wahr, während, wahrscheinlich, wohl, wohnen, die Wohnung, die Zahl, zählen, der Zahn, zehn, zahm

2 Schreibe die Wörter aus Aufgabe 1 auf die Linien.

allmählich, _____

_____

_____

_____

_____

3 Schreibe die Wörter aus Aufgabe 1 in die passenden Spalten der Tabelle.

h nach langem Vokal ...

... vor l	... vor m	... vor r
allmählich,		
	... vor n	

4 Wähle fünf Wörter aus. Schreibe eigene Sätze in dein Heft.

5 a. Schreibe vier eigene Sätze in dein Heft.
Verwende in jedem Satz mindestens ein Wort mit **h** nach langem Vokal.

b. Markiere das **h** nach langem Vokal in deinen Sätzen.

Starthilfe

Ich fahre jeden Morgen mit dem Bus in die Stadt. ...

6 a. Ergänze passende Wörter aus der Randspalte.
b. Schreibe den Text in dein Heft ab.
c. Markiere die Wörter mit **h** nach langem Vokal in deinem Heft.

~~Erfahrung,~~
Zahnarzt,
Uhrmacher,
sehr,
fahren,
wahrscheinlich,
Verkehrsmitteln,
Fahrrad,
bohren

Vor dem Praktikum

Vor der Bewerbung solltest du Folgendes in _Erfahrung_ bringen:

Wo befindet sich der Praktikumsplatz? Muss ich weit _____ ?

Wie komme ich hin, mit öffentlichen _____ , mit

dem _____ oder zu Fuß?

Was wird von mir verlangt? Bei einem _____ wirst du nicht

_____ dürfen, bei einem _____

nicht gleich verkaufen.

Mit welchen Arbeitsmitteln oder Werkzeugen werde ich arbeiten?

_____ kann ich Geräte noch gar nicht bedienen.

Welche Bedingungen finde ich vor? Muss ich _____ viel arbeiten?

Also, sich besser vorher informieren als sich später ärgern!

Das kann ich! – **Wörter mit h**

Punkte

1 Ergänze den Merksatz.

Bei einigen Wörtern steht nach einem _____ gesprochenen Vokal oder

Umlaut ein **h**. Allerdings nur vor den Konsonanten **l**, ____, ____ und ____.

/4 Punkte

2 a. Ergänze den Lückentext mit passenden Wörtern vom Rand.
b. Markiere im Text ein Wort mit zwei **h** nach jeweils langem Vokal.

/6 Punkte

/1 Punkt

Kevin Müller, 18 Jahre, erstes Lehrjahr, erzählt:

Nach der Realschule habe ich mit dem _____

begonnen, weil mein _____ meinte, ich solle mir die Berufswahl

genau überlegen. Ich bin auch zu Hause ausgezogen und habe für meine erste

_____ Möbel gesucht. Weil gute Möbel _____ teuer waren,

gewählt,
Lehrer,
Berufsgrundschul-
jahr,
Wohnung,
sehr,
unwahrscheinlich

habe ich selber Möbel gebaut. Das hat mir _____ gut

gefallen und ich habe daraufhin den Beruf des Tischlers _____ .

Gesamtpunktzahl: ____ /11 Punkte

Wörter mit wider

1 **a.** Markiere in den folgenden Wörtern **wider**.

b. Ordne die Wörter nach Wortarten in die Tabelle unten ein.
Denke bei den Nomen an die Artikel.

> die Widerrede, widerlich, widerfahren, der Widersacher, widerlegen,
> widerwillig, der Widerstand, widerstandsfähig, widerstehen, anwidern,
> widersprechen, widerwärtig, der Widerspruch, das Widerwort,
> die Widerstandskraft, widerstandslos, widerrufen, widersetzen,
> widersprüchlich, erwidern, widerstreben, widerspenstig, der Widerwille,
> der Widerruf, widerrechtlich, unwiderstehlich, der Widersinn

Wörter mit wider

Nomen	Verben	Adjektive
die Widerrede,		

2 Schreibe die Wörter vom Rand hinter die passenden Worterklärungen.

die Gegenrede: _die Widerrede_

abscheulich: _____

zustoßen: _____

antworten / entgegnen: _____

der Gegner: _____

gegen das Gesetz: _____

schwer zu bändigen: _____

der Gegensinn: _____

das Gegenteil beweisen: _____

> ~~die Widerrede,~~
> widerfahren,
> erwidern,
> widerrechtlich,
> der Widersacher,
> widerlich,
> der Widersinn,
> widerlegen,
> widerspenstig

3 Schreibe mit drei Wörtern mit **wider** je einen Satz in dein Heft.

4 **a.** Ergänze den Text mit passenden Wörtern vom Rand.
b. Schreibe den Text in dein Heft ab.

Gestern ist mir eine komische Geschichte _____ .

Eine maskierte Mickymaus sprang mir in den Weg und rief: „Hände hoch!

Jeder _____ ist zwecklos." Sie hielt eine Banane in der Hand

und ihre _____ Haare flogen im Wind. Zuerst war ich

5 etwas überrumpelt, aber dann konnte ich nicht _____ und biss in

die Banane. Die Mickymaus stieß vor Schreck einen spitzen Schrei aus und

versuchte erfolglos, ihre Banane aus meinem Biss zu befreien.

_____ überließ mir die Mickymaus schließlich die Banane.

Offensichtlich frustriert verschwand mein _____

10 daraufhin sofort, und so hatte ich keine Gelegenheit mehr, etwas zum Dank zu

_____ .

> erwidern,
> widerspenstigen,
> widerstehen,
> widerfahren,
> Widersacher,
> Widerstand,
> widerwillig

Das kann ich! – **Wörter mit wider**

1 Ergänze den Merksatz.

Das Wort **wider** hat die Bedeutung „_____", „_____", „_____".

☐ /3 Punkte

2 Schreibe passende Wörter mit **wider** vom Rand hinter die Worterklärungen.

die Gegenrede: _____

kampflos: _____

antworten: _____

störrisch: _____

> widerspenstig,
> widerstandslos,
> erwidern,
> die Widerrede

☐ /4 Punkte

3 Ergänze die Sätze mit passenden Wörtern vom Rand.

A Der Verbrecher ließ sich _____ festnehmen. Er hatte

erkannt, dass jeder _____ sinnlos war.

B „Da muss ich dir aber _____", sagte Alessandro, der

anderer Meinung war.

C „Ich weiß nicht, was ich darauf _____ soll. Ich bin

sprachlos", sagte sie überrascht.

D „Du glaubst nicht, was mir heute _____ ist, als ich in

den Bus steigen wollte!", erzählte er seiner Kollegin.

E „Na gut, wenn es unbedingt sein muss", sagte sie _____ .

F „Der Kuchen sah so lecker aus, da ich konnte ich einfach nicht

_____", sagte er mit schuldbewusstem Gesicht.

> erwidern,
> widerwillig,
> Widerstand,
> widerstehen,
> widerstandslos,
> widersprechen,
> widerfahren

☐ /7 Punkte

Gesamtpunktzahl: ☐ /14 Punkte

Komma in Satzgefügen

> **Merkwissen**
>
> In einem **Satzgefüge** werden **Nebensätze** (NS) vom **Hauptsatz** (HS)
> durch **Komma** abgetrennt. Am Anfang des Nebensatzes steht häufig
> eine Konjunktion, z. B. **als**, **weil**, **dass**, **obwohl**.
> **Als** ich sie sah, schlug mein Herz schneller.
>
> Konj.   NS   HS

1 **a.** Setze in den Satzgefügen die fehlenden Kommas.
　　 b. Kreise die Konjunktion ein und markiere das Komma.
　　 c. Unterstreiche die Nebensätze einmal und die Hauptsätze zweimal.

A (Als) sie mit den Hausaufgaben fertig war, lief Sophie zu ihrer Freundin.

B Wenn der Wecker klingelt ist Kevin meistens schon von selbst aufgewacht.

C Weil ich müde bin werde ich heute im Bett nicht mehr lesen.

D Dass ich heute nicht gut Fußball gespielt habe weiß ich selbst.

E Obwohl ihre Mutter viel arbeitet möchte Maria Industriekauffrau werden.

2 Der folgende Text enthält vier Satzgefüge.
　　 Dreimal steht der Nebensatz vor dem Hauptsatz und einmal dahinter.
　　 a. Kreise die Konjunktionen ein und markiere das Komma.
　　 b. Unterstreiche die Nebensätze einmal und die Hauptsätze zweimal.
　　 c. Schreibe die Satzgefüge in dein Heft ab.

Irinas erster Tag im Praktikum

(Weil) sie pünktlich um 7:30 Uhr im städtischen Kindergarten sein muss, steht

Irina am Montagmorgen sehr früh auf. Sie läuft rasch zur Bushaltestelle. Als sie

im Kindergarten ankommt, wird sie von der Leiterin freundlich begrüßt. Dann

geht sie in eine Gruppe. Obwohl Irina den Kindern eine Geschichte vorliest, ist es

in der Gruppe sehr laut. „Ich zeige dir etwas", sagt die Kindergärtnerin zu ihr.

„Heb einfach die Hand und warte. Die Kinder kennen das." Nachdem Irina den

Rat befolgt hat, wird es ganz leise im Raum. Da freut sich die Praktikantin.

3 Schreibe eigene Satzgefüge mit den folgenden Konjunktionen auf.
　　 Stelle den Nebensatz immer nach vorne. Denke an die Kommas.

(als) *Als ich beim Einkaufen war, habe ich eine Neuigkeit erfahren.* _____

(wenn) _____

(weil) _____

(obwohl) _____

(nachdem) _____

(solange) _____

Komma in Aufzählungen

1 Markiere die Kommas in den folgenden Aufzählungen.

Ich hätte gern ein Eis mit Erdbeere, Vanille, Schokolade und Nuss.
Sie hat drei Freundinnen, zwei Fahrräder und einen Hund.
Wir lernen morgens in der Schule, du schläfst den ganzen Tag auf dem Sofa und nachts triffst du dich draußen mit den anderen Katzen.

2 Setze die fehlenden Kommas und unterstreiche alle aufgezählten Wörter.

Kartoffeln, Reis Nudeln und Brot sind Nahrungsmittel.

Am liebsten esse ich Bohnen Linsen Artischocken und Möhren.

Jeans Karohemd Sonnenbrille und Sneakers trage ich besonders gerne.

3 Setze die fehlenden Kommas und unterstreiche alle aufgezählten Satzteile.

Für meine Reise packe ich vier T-Shirts, zwei Hosen einen Pullover sechs Unterhosen und fünf Paar Socken in meinen Koffer ein.
Montags haben wir um acht Uhr Englisch um neun Uhr dreißig Mathe um zehn eine Doppelstunde Deutsch und um Viertel vor zwölf Chemie.

4 **a.** Setze die fehlenden Kommas und unterstreiche alle aufgezählten Sätze.
   Tipp: Markiere Zeitangaben in den aufgezählten Sätzen.
   b. Schreibe die Sätze in dein Heft ab. Denke an die Kommas.

In den Ferien schwamm ich jeden Morgen im Meer, nachmittags spielte ich mit meinen Freunden am Strand Fußball und abends trafen wir uns in einer Disko.

Nachmittags fahre ich oft alleine und sehr schnell Fahrrad manchmal basteln wir auch in der Werkstatt meines Vaters Holzspielzeug für die kleinen Cousins gelegentlich gehe ich mit Freunden Eis essen und langweilen tue ich mich nie.

5 Schreibe drei eigene Sätze mit Aufzählungen auf die Linien.

_____

_____

_____

_____

_____

Komma bei dass-Sätzen

1 **a.** Unterstreiche in dem Text die **dass**-Sätze.
b. Setze die fehlenden Kommas.
c. Kreise die Konjunktion **dass** ein und markiere die Kommas.

Die Lehrerin sagt, (dass) die Berufsberaterin bald komme. Sie meint dass
die Klasse Beratungsbedarf habe. Wir sollen das Klassenzimmer dafür
aufräumen. Tags darauf erfahren wir dass die Berufsberaterin erkrankt ist.
Die Schülerinnen und Schüler sind enttäuscht dass die Beratung ausfällt.
Dass dafür jetzt Unterricht stattfindet erfahren sie am Schwarzen Brett.

2 Ergänze die Hauptsätze mit passenden dass-Sätzen. Denke an die Kommas.

Ich glaube, _dass wir heute noch eine Überraschung erleben werden_ .

Du ahnst _____ .

Er weiß doch _____ .

Sie denkt _____ .

Es steht doch fest _____ .

Wir werden beweisen _____ .

Ihr werdet sehen _____ .

Sie bezweifeln _____ .

3 **a.** Ergänze die folgenden Satzanfänge mit **dass**-Sätzen.
   Tipp: Das gebeugte Verb musst du im **dass-Satz** ans Ende stellen.
b. Markiere das Komma mit Blau, das Verb mit Rot und kreise **dass** ein.

Ira meint … (Sascha und Mahmut sollen ihren Müll nicht auf den Boden werfen.)

Ira meint, (dass) Sascha und Mahmut ihren Müll nicht auf den Boden werfen sollen.

Sascha behauptet … (Sie sammeln das nachher selbst auf.)

_____

Mahmut ergänzt … (Ohne den Müll ist ihr Aufräumdienst nicht sinnvoll.)

_____

Ira denkt … (Die zwei nehmen ihren Strafdienst immerhin mit Humor.)

_____

Das kann ich! – Kommas setzen

1 Ergänze die folgenden Merksätze.

Ein Satz, der aus einem _____ (HS) und einem

_____ (_____) besteht, heißt **Satzgefüge**. Der NS wird

durch ein _____ vom HS abgetrennt.

Die Teile einer _____, die nicht durch **und/oder** verbunden

sind, werden durch _____ voneinander getrennt.

Nach Verben des Sagens, Denkens und Meinens folgen oft _____ .

2 Unterstreiche in dem Satzgefüge den Nebensatz und setze das Komma.

Weil es im Sommer sehr heiß war bekamen die Schüler an manchen Tagen hitzefrei.

3 Setze in den Sätzen die fehlenden Kommas.

Zum Abendessen gab es Brot Käse Aufschnitt und Tee.

Gestern Morgen war ich in der Schule nachmittags ging ich zum Schwimmen ins Freibad und abends traf ich mich mit meiner Clique.

Ich kaufe für das Mittagessen eine Packung Nudeln ein Pfund Gehacktes eine Zwiebel ein Stück Parmesankäse und ein Glas Tomatensoße.

4 Unterstreiche in den Satzgefügen die **dass**-Sätze und setze die Kommas.

Ich will dir gern glauben dass du für den Test gelernt hast.

Bist du mir noch böse dass ich das neue Buch verloren habe?

Unser Lehrer meint dass du heute in Hochform bist.

Dass er dabei gezwinkert hat war zu dumm.

5 **a.** Setze im Text alle fehlenden Kommas.
b. Markiere die Konjunktion **dass**.
c. Kreise die Konjunktionen ein, die Nebensätze einleiten.
d. Unterstreiche die Aufzählungen.

Die Erfindung des Heißluftballons

Die Gebrüder Montgolfier aus Frankreich sind die Erfinder des Heißluftballons. Nicht viele Menschen wissen heute dass die ersten Passagiere eines Ballons ein Hammel eine Ente und ein Hahn waren. Nachdem die Tiere das Experiment überlebt hatten erlaubte der König Ludwig XVI. einen Aufstieg mit Menschen.
5 Als dann der Ballon am 21. November 1783 in die Luft stieg brachen alle anwesenden Personen in Jubel aus. Der Ballon wurde mit ölgetränktem Holz Papier feuchtem Stroh und Stoff befeuert. Damals dachte man nämlich fälschlicherweise dass der Rauch für den Auftrieb sorgte. Also verbrannte man stark rauchendes Material. Wenig später entdeckte man jedoch dass die heiße Luft
10 den Ballon aufsteigen lässt. Heute ist das Fliegen selbstverständlich denn die Menschen wollen ohne großen Zeitverlust riesige Entfernungen überwinden.

Gesamtpunktzahl:

Wortart: Pronomen

Die **Personalpronomen ich**, **du**, **er**, **sie**, **es**, **wir**, **ihr**, **sie** kannst du für Personen, Lebewesen und Dinge einsetzen.

Possessivpronomen zeigen an, wem etwas gehört. Sie können im Singular und im Plural stehen, z. B.: **mein/meine**, **dein/deine**, **sein/seine**, **ihr/ihre**, …

Mit den **Demonstrativpronomen dieser/diese/dieses**, **jener/jene/jenes** kann man auf etwas zeigen oder hinweisen.

Personalpronomen in der indirekten Rede
➤ S. 37, 71–72

Relativpronomen
➤ S. 80, 95

Mit Pronomen vermeidest du unnötige Wiederholungen.

1 Überarbeite den Text. Schreibe in dein Heft.

a. Ersetze im Teil 1 die markierten Wörter und Wortgruppen durch passende Personalpronomen vom Rand.

b. Ersetze im Teil 2 die markierten Wörter und Wortgruppen durch passende Possessivpronomen vom Rand.

c. Markiere alle Pronomen in deinem Heft.

Starthilfe

Marvin kann in den Sommerferien nicht mit seinen Eltern verreisen. Sie müssen sich um die Großmutter kümmern. …

Ferien an der Nordsee – Teil 1

Teil 1: Marvin kann in den Sommerferien nicht mit seinen Eltern verreisen. Die Eltern müssen sich um die Großmutter kümmern, denn die Großmutter ist gerade im Krankenhaus. Marvin versteht, dass die Großmutter nun wichtiger ist, aber traurig ist Marvin doch, denn Marvin hatte sich so auf den Urlaub gefreut.
5 Seine Mutter tröstet Marvin. Die Mutter verspricht Marvin, dass Marvin trotzdem Ferien machen darf. Der Mutter ist etwas Tolles eingefallen …

er (3 x),
sie (Singular) (2 x),
sie (Plural),
ihr, ihn, ihm

Teil 2: Marvins Mutter erlaubt ihm, dass er zusammen mit Marvins Cousine Vanessa und Vanessas Eltern in die Ferien fährt. Vanessa und Vanessas Eltern wollen die Ferien im Ferienhaus von Vanessas Eltern an der Nordsee verbringen
10 und viel Fahrrad fahren. Marvin möchte daher unbedingt Marvins Fahrrad mitnehmen. Allerdings muss er Marvins Fahrrad zuvor noch reparieren.

sein (2 x), seine,
seiner, ihren,
ihre, ihrem

2 **a.** Markiere im folgenden Text die Personal- und die Possessivpronomen.

b. In diesem Text gibt es auch zwei Demonstrativpronomen. Kreise sie ein.

c. Auf welches Nomen beziehen sich die Demonstrativpronomen jeweils? Zeichne einen Pfeil zu den Nomen, auf die sie sich beziehen.

Die Fahrradreparatur

Marvin und sein Onkel schauen sich gemeinsam das Fahrrad an. Dieses ist noch nicht alt, aber es hat oft draußen gestanden. Marvin entfernt den Rost an den Speichen. Sie sind teilweise schon etwas verbogen. Sein Onkel überprüft die Bremsen. Diese funktionieren nicht mehr gut. Deshalb tauscht er sie aus.

Marvin ist sehr dankbar, und sein Onkel freut sich, dass er ihm helfen konnte.

Wortart: Verb

Wiederholung: Präteritum, Plusquamperfekt und Futur

In informierenden Texten verwendest du besonders oft die Zeitformen Präteritum, Plusquamperfekt (Vorvergangenheit) und Futur.

1 **a.** Markiere im Text alle Verben.
b. Schreibe die Verben jeweils zu der passenden Zeitform.
Tipp: Drei der Zeitformen bestehen aus jeweils zwei Verben.

Geschichte und Zukunft der Solarenergie – Teil 1

Der französische Physiker Alexandre Edmond Becquerel entdeckte 1839 zusammen mit seinem Vater den fotoelektrischen Effekt oder kurz Fotoeffekt. Damit erkannte er die Voraussetzungen für die Solarzellen von heute. Allerdings hatte es eine passive Nutzung der Sonneneinstrahlung schon viel früher gegeben.
5 So hatten zum Beispiel schon die alten Ägypter den Sonnenstand bei Hausbauten berücksichtigt. In Zukunft wird man mehr Sonnenenergie nutzen.

Präteritum: _entdeckte_ , _____

Plusquamperfekt: _____ _____ ,

_____ _____ Futur: _____ _____

Alexandre Edmond Becquerel

2 Wie werden die Zeiten Plusquamperfekt und Futur gebildet?
Ergänze die folgenden Merksätze richtig mit den beiden Begriffen.

Das _____ bildest du mit dem **Präteritum** von **haben** oder

sein und dem **Partizip Perfekt (Partizip II)**. Das _____

bildest du mit dem **Präsens** von **werden** und dem **Infinitiv**.

3 Ergänze die Verben vom Rand in den in Klammern angegebenen Zeitformen.

Geschichte und Zukunft der Solarenergie – Teil 2

Man _begann_ (Präteritum) erst im 20. Jahrhundert, Solarzellen aus Silizium

herzustellen, obwohl Wissenschaftler das Prinzip der Solarzellen schon

im 19. Jahrhundert _____ _____ (Plusquamperfekt).

10 Im Laufe des 20. Jahrhunderts _____ (Präteritum)

man die Technik zwar immer weiter, aber lange Zeit _____ (Präteritum)

sie kaum Verbreitung. Damals _____ (Präteritum) andere Energieträger

noch günstig. Als jedoch mit der Ölkrise das Erdöl immer teurer wurde,

_____ (Präteritum) man sich allmählich für Solarenergie.

15 Heute nimmt man an, dass bis zum Jahr 2030 die Solarenergie etwa 10 Prozent

des weltweiten Strombedarfs _____ _____ (Futur). Besondere

Vorteile _____ diese Entwicklung für solche Gegenden der Welt mit sich

_____ (Futur), die bisher nicht an ein Stromnetz angeschlossen sind.

beginnen, entdecken, entwickeln, finden, sein, (sich) interessieren, decken, (mit sich) bringen

Eine mit Solarenergie betriebene Wasserpumpe

Das Passiv

Das **Passiv** beschreibt, wenn etwas mit einer Person oder einem Gegenstand getan wird. Die Tätigkeit ist wichtig, nicht, wer sie ausführt. Deshalb wird die handelnde Person im Passiv meist nicht genannt. Das Passiv wird mit einer Form von **werden** und dem **Partizip Perfekt (Partizip II)** gebildet, z. B.: Das Haus **wird abgerissen**.

Form von werden + Partizip Perfekt (Partizip II)

1 a. Markiere im folgenden Text alle Verbformen im Passiv.
b. Schreibe die markierten Verbformen auf die Linien darunter.

Umbau der Bahnhofstraße

Nach langer Diskussion wird seit letzter Woche die viel befahrene Bahnhofstraße endlich in eine Fußgängerzone umgewandelt. Der alte Asphalt wird jetzt durch gepflasterte Wege ersetzt. Seit gestern werden bereits die ersten Bäume gepflanzt und Sitzbänke werden aufgestellt. Auch an die Kinder wird gedacht: An zwei Stellen stehen ihnen bereits Spielgeräte zur Benutzung frei. So wird nicht nur eine Einkaufsmeile, sondern auch ein Platz zum Ausruhen geschaffen.

wird umgewandelt, _____

_____

_____

Wenn die Tätigkeit wichtiger ist als die handelnde Person, verwendest du oft das Passiv.

2 a. Streiche in den Sätzen die handelnde Person oder Personengruppe durch.
Tipp: Frage mit **Wer? (Was?)** nach dem **Subjekt** und streiche es durch.
b. Markiere die Verben.
c. Schreibe die Sätze im Passiv auf die Linien.
   – Lasse dabei die handelnden Personen weg.
   – Verwende die Partizip-Perfekt-Formen vom Rand.
d. Markiere in deinen Sätzen die Verbformen im Passiv.

mehr zu Satzgliedern im Wissenswerten
➤ S. 96

A ~~Der Postbote~~ bringt die Post um 10 Uhr.

Die Post wird um 10 Uhr gebracht. _____

B Der Hausmeister öffnet die Schule um 7:30 Uhr.

_____

C Das Parlament verabschiedet das Gesetz noch vor der Sommerpause.

_____

D Alle Anwohner und Besucher feiern am Samstag das Straßenfest.

_____

E Die Lehrkräfte verteilen am Freitag in der dritten Stunde die Zeugnisse.

_____

F Der Kranke nimmt jeden Abend eine Tablette.

_____

> **Partizip Perfekt**
> gebracht,
> geöffnet,
> verabschiedet,
> gefeiert,
> verteilt,
> genommen

Einen Versuch im Passiv beschreiben

Das Passiv verwendest du auch in Versuchsbeschreibungen.

1 **a.** Lies die folgenden Notizen und sieh dir die Bilder am Rand an.
b. Ergänze die Versuchsbeschreibung im Passiv und in ganzen Sätzen.
Verwende auch die Partizip-Formen vom Rand.

> *Einleitung: ~~soll untersuchen~~, wie kann man die Wärmestrahlung der Sonne nutzen*
> *Material: benötigen, ein silberner und ein schwarzer Erlenmeyerkolben, zwei lange Thermometer, Wasser*
> *Versuchsaufbau: beide Erlenmeyerkolben mit Wasser füllen, Thermometer in Erlenmeyerkolben stellen*
> *Versuchsdurchführung: Erlenmeyerkolben in Sonne stellen, nach 30 Minuten: Thermometer ablesen, feststellen, dass die Temperatur des Wassers im schwarzen Kolben höher ist als die im silbernen Kolben*

Partizip Perfekt
~~untersucht,~~
genutzt,
benötigt,
gefüllt,
gestellt (2 x),
abgelesen,
festgestellt

Überschrift: Wie kann man die Wärmestrahlung der Sonne nutzen?

Einleitung: *In diesem Versuch soll untersucht werden,* _____

_____

Material: *Für den Versuch* _____

_____

_____

Versuchsaufbau: *Zuerst* _____

_____

_____

_____

Versuchsdurchführung: *Danach* _____

_____

_____

_____

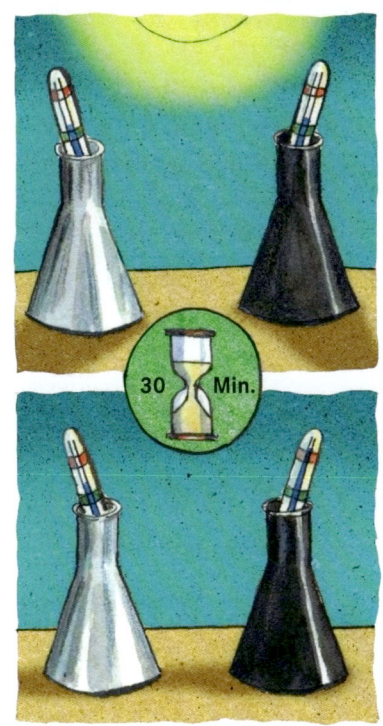

Ergebnis: Das Wasser wird in dem schwarzen Kolben stärker erhitzt
als in dem silbernen Kolben.
Erklärung: Licht und Wärme werden von der silbernen Oberfläche reflektiert[1]
und von der schwarzen Oberfläche absorbiert[2]. Das Wasser
im schwarzen Kolben wird daher durch die Sonne erwärmt.

2 Prüfe, ob **Ergebnis** und **Erklärung** auch im Passiv stehen.
a. Markiere die Verben in **Ergebnis** und **Erklärung**.
b. Trifft die folgende Aussage zu? Kreuze an.

                                              trifft zu   trifft nicht zu

Ergebnis und Erklärung stehen im Passiv.   ☐   ☐

---

1 reflektieren: zurückstrahlen
2 absorbieren: in sich aufnehmen

Das kann ich! – Passiv

Punkte

1 Ergänze die folgenden Merksätze.

Das _____ beschreibt, wenn etwas mit einer Person oder einem

_____ getan wird. Die _____ ist wichtig,

nicht, wer sie ausführt. Deshalb wird die handelnde _____

im Passiv in der Regel nicht genannt. Das Passiv wird mit einer Form von

_____ und dem **Partizip Perfekt (Partizip II)** gebildet.

/5 Punkte

2 **a.** Streiche in den folgenden Sätzen die handelnden Personen durch.
b. Setze die Sätze ins Passiv. Schreibe auf die Linien.
   Du findest die Partizip-Formen am Rand.

> **Partizip Perfekt**
> gemischt,
> begonnen

/2 Punkte
/4 Punkte

Der Koch mischt die Zutaten.

_____

Die Lehrerin beginnt den Unterricht um 8 Uhr.

_____

3 **a.** Markiere im folgenden Text alle Verbformen im Passiv.
b. Schreibe die markierten Passivformen auf die Linien unten.

/16 Punkt
/8 Punkte

Der Helioflex

Im Jahr 1999 erfand Christoph Keller den Helioflex. Er kam auf die Idee, weil
er in einer dunklen Hinterhauswohnung lebte, in die kein Licht drang. Er hatte
Sonnenblumen beobachtet, die ihre Köpfe immer in Richtung Sonne drehen –
das brachte ihn auf die Idee des Helioflex.
5 Für einen Helioflex wird eine verspiegelte Plexiglasscheibe auf eine Satellitenschüssel montiert. Die Scheibe wird dann durch Schrauben gekrümmt.
Die Spiegelfläche wird durch eine Mechanik mit der Sonne gedreht. Nachts
wird der Spiegel automatisch nach Osten gerichtet und wartet dann auf
die aufgehende Sonne. Der Helioflex wird so auf dem Dach aufgestellt, dass das
10 Sonnenlicht eingefangen wird und in die Fenster der Wohnungen reflektiert
wird. Dunkle Wohnungen werden so mit natürlichem Licht beleuchtet.

Passivformen:

_____ _____ , _____ _____ ,

_____ _____ , _____ _____ ,

_____ _____ , _____ _____ ,

_____ _____ , _____ _____ ,

4 Schreibe aus den folgenden Notizen fünf Sätze im Passiv in dein Heft.
Du findest die benötigten Partizip-Formen am Rand.

> **Partizip Perfekt**
> abgebürstet,
> gereinigt,
> aufgetragen,
> abgewartet,
> poliert

/10 Punkt

- *zuerst Schmutz vom Leder abbürsten*
- *dann Schuhe mit einem feuchten Lappen reinigen*
- *danach Schuhcreme mit einer Schuhbürste auftragen*
- *danach einige Minuten abwarten*
- *zum Schluss die Schuhe mit einer weichen Bürste polieren*

Gesamtpunktzahl:

/45 Punkt

Der Konjunktiv I in der indirekten Rede

Den Konjunktiv I verwendest du zur Wiedergabe von Gesprächen.

Wenn du wiedergeben möchtest, was jemand gesagt hat, verwendest du häufig die **indirekte Rede** mit dem **Konjunktiv I**, z. B.:
Der Stürmer sagte, er **habe** kein Foul begangen. Deshalb **sei** die Rote Karte unberechtigt gewesen.
Um den **Konjunktiv I** der dritten Person Singular (er, sie, es) zu bilden, streichst du das –**n** vom Infinitiv, z. B.:
Infinitiv: habe**n** – er habe (Konjunktiv I), Infinitiv: sei**n** – er sei (Konjunktiv I).

Du vergleichst ein Gespräch aus der Geschichte **Schüleraustausch** mit seiner Wiedergabe in indirekter Rede (im Präsens).

Kurzgeschichte „Schüleraustausch" ➤ S. 32–34

1 Vergleiche das Gespräch links mit der indirekten Rede rechts.
   a. Markiere in der indirekten Rede alle Verbformen im Konjunktiv I.
   b. Kreise in der indirekten Rede alle Pronomen ein, die sich geändert haben.
   c. Unterstreiche die Redeeinleitungen in der indirekten Rede.

Gespräch (Textauszug)

(Jean-Pascal:) „Und da bist du ganz ganz traurig geworden."
Sandra schluckte. „Was geht dich das an?", fauchte sie. „Gar nichts." Jean-Pascal rührte in seiner Tasse.
„Ich
5 will nur nischt, dass du wegen Chantal traurig bist."
„Das bin ich wirklich", gab sie dann zu. „Weißt du, ich bin seit drei Wochen mit Stefan zusammen und habe mich so furchtbar auf die Zeit mit ihm gefreut. Und jetzt verliebt er sich in diese attraktive Chantal."
10 Jean-Pascal lächelte. „Du brauchst gar nischt eifersüchtig zu sein. Weil sie nämlich jedem den Kopf verdreht."

Indirekte Rede

Jean-Pascal sagt, da sei sie ganz traurig geworden. Sandra fragt empört, was ihn das angehe. Jean-Pascal rührt in seiner Tasse und erklärt, er wolle nur nicht, dass sie
5 wegen Chantal traurig sei.
Sandra gibt zu, dass sie es wirklich sei. Seit drei Wochen sei sie mit Stefan zusammen und habe sich so furchtbar auf die Zeit mit ihm gefreut. Und jetzt verliebe er sich in diese attraktive Chantal. Jean-Pascal antwortet lächelnd,
10 sie brauche gar nicht eifersüchtig zu sein, weil Chantal nämlich jedem den Kopf verdrehe.

2 **a.** Ordne passende Konjunktive aus der indirekten Rede in die Tabelle ein. Schreibe sie jeweils mit dem Personalpronomen auf.
   b. Ergänze zum Konjunktiv die Präsensform in der rechten Spalte.
   c. Markiere die Personalpronomen, die in der indirekte Rede anders sind.

Gespräch	Konjunktiv (indirekte Rede)	Verb im Präsens
du bist	*sie sei*	sie *ist*
es geht dich an		es _____ ihn _____
ich will		er _____
ich habe mich gefreut		sie _____
er verliebt sich		er verliebt sich
du brauchst		sie _____
sie verdreht		sie verdreht

3 Ergänze im folgenden Text Verbformen im Konjunktiv I.
– Verwende die Verben aus den Klammern.
– Eine schwierige Konjunktivform findest du am Rand.

sie feiert – sie feiere

Zuerst will Sandra Stefan mit Jean-Pascals Hilfe zurückgewinnen.

Sandra flüstert Jean-Pascal zu, Stefan _____ (sein) mit Chantal da. Sie fragt

ihn, ob er _____ (meinen), dass er es _____ (schaffen).

Jean-Pascal antwortet mit Ja. Er tanzt dann mit Chantal und Stefan läuft wütend

5 nach draußen. Später läuft Jean-Pascal auf den Hof und Sandra folgt ihm.

Jean-Pascal sagt, er _____ (haben) erwartet, sie _____ (stehen)

draußen mit Stefan und _____ (feiern) Versöhnung.

Sandra erwidert, sie _____ (haben) noch gar nicht mit Stefan gesprochen,

und fragt Jean-Pascal, was mit ihm _____ (sein). Jean-Pascal sagt, er

10 _____ (können) nicht mit Chantal tanzen, weil er immer an Sandra

denken _____ (müssen).

**Die folgende Inhaltsangabe enthält noch wörtliche Rede aus dem Text.
Diese Stelle gibst du in indirekter Rede wieder.**

4 **a.** Welche Pronomen musst du in der indirekten Rede ändern? Kreise sie ein.
Du findest die Pronomen am Rand.
b. Markiere in jedem Satz der wörtlichen Rede das konjugierte Verb.

Pronomen
du (3 x),
mir (2 x),
ich (3 x),
unsere,
wir

Später verlieben sich Sandra und Jean-Pascal ineinander. Drei Tage danach trifft
Sandra Stefan in der Stadt und es entwickelt sich folgendes Gespräch.

„Lange nicht gesehen", sagte er. „Kommst du heute Abend ins Bistro?"

„Tut mir leid", lächelte Sandra. „Ich habe heute ein Rendezvous."

5 „Was soll das denn heißen", fuhr Stefan sie an und sah plötzlich gar nicht mehr

cool aus. „Ich denke, du gehst mit mir!"

„Oh, klar", grinste Sandra. „Ich finde nur, dass unsere Beziehung

in der letzten Zeit etwas eng geworden ist. Wir sind hier in Frankreich,

[das] weißt du. Offene Beziehungen sind hier mega-in."

10 Und dann ließ sie den verdutzten Stefan einfach stehen.

5 **a.** Schreibe das Gespräch in der indirekten Rede und im Präsens in dein Heft.
Du kannst die Redeeinleitungen vom Rand verwenden.
Tipp: Die zwei hervorgehobenen Wörter musst du auch verändern.
b. Markiere die veränderten Verben und kreise veränderte Pronomen ein.

Redeeinleitungen
Er sagt …
Sie antwortet …
Sie entgegnet …
Er fragt empört …
Er fügt hinzu …
Sie erklärt …
Sie meint nur …

> **Starthilfe**
>
> Stefan sagt, er habe Sandra lange nicht gesehen, und fragt
> sie, ob sie an diesem Abend ins Bistro komme. Sandra
> antwortet, …

Der Konjunktiv II für Wünsche

Mit dem **Konjunktiv II** kann man eine Wunschwirklichkeit ausdrücken,
z. B.: Wenn wir nur öfter Sport **hätten**, **käme** ich gerne zur Schule.
Der Konjunktiv II wird vom Präteritum abgeleitet, z. B.:
er hatte – **er hätte**, **ich war** – **ich wäre**.

In dem Lied **Freundinnen** stellt sich Funny van Dannen vor,
wie es wäre, Freundinnen zu sein.

1 Markiere in dem Liedtext alle Verbformen im Konjunktiv II.

Freundinnen müsste man sein.
Dann könnte man über alles reden.
Über jeden geheimen Traum.
Freundinnen müsste man sein.
5 Dann könnte man über alles lachen.
Viele Sachen zusammen tun.
Man könnte sich neue Schuhe kaufen und auf Partys gehen.
Man könnte durch die City laufen und auf gute Musik stehen.
Und man könnte die Nacht durchtanzen, ohne auszuruhen.
10 Man wäre unbeschwert und den ganzen Tag gegen Einsamkeit immun[1].

2 **a.** Ergänze in der Tabelle die fehlenden Präteritumformen.
b. Ergänze in der Tabelle die drei fehlenden Konjunktiv-II-Formen.
　Tipp: Du hast sie im Liedtext oben bereits markiert.
c. Markiere Unterschiede zwischen dem Präteritum und dem Konjunktiv II.

Infinitiv	Präteritum	Konjunktiv II
gehen	man _ging_____	man ginge
sprechen	man _____	man spräche
haben	man _____	man hätte
sehen	man _____	man sähe
dürfen	man _____	man dürfte
müssen	man _____	man _____
können	man _____	man _____
sein	man _____	man _____

3 Ergänze die folgenden Sätze mit Konjunktiv-II-Formen aus der Tabelle.

Es _wäre_ (sein) schön, wenn er mitkommen _____ (dürfen).

Sie _____ (können) es, wenn sie mehr Geduld _____ (haben).

Z **4** Schreibe ein Parallellied mit dem Titel „Freunde" in dein Heft.
Du kannst dazu die Konjunktiv-II-Formen aus der Tabelle verwenden.

---

1 immun: unempfindlich, geschützt

Der Konjunktiv II in höflichen Aufforderungen

Merkwissen

In Form einer **Frage** drückt der **Konjunktiv II Aufforderungen** oder
Bitten höflicher aus als der Imperativ. Diese Höflichkeitsform verwendet
man oft in offiziellen Briefen und beim Sprechen. Häufig muss man dabei
noch das Wort **bitte** ergänzen, z. B.:
Imperativ (Befehlsform): Schicken Sie mir das Formular!
Sei leise!
Frage mit Konjunktiv II: Könnten Sie mir **bitte** das Formular schicken?
Würdest du **bitte** leise sein?

Weil Tom Informationen für ein Referat benötigt, schreibt er einen Brief.

1 **a.** Drei Sätze im Brief müssen höflicher formuliert werden. Markiere sie.
b. Schreibe den Brief mit sehr höflichen Formulierungen neu in dein Heft.
– Verwende die Wortgruppen mit dem **Konjunktiv II** vom Rand.
– Ergänze an passenden Stellen das Wort **bitte**.

Konjunktiv II
Könnten Sie …?
Ich würde gerne …
Würden Sie …?

Sehr geehrte Frau Meissner,

Ihr Betrieb beschäftigt sich mit Kläranlagen und Wasserwirtschaft. Da ich
für die Schule zu diesem Thema ein Referat vorbereite, brauche ich gutes
Informationsmaterial. Schicken Sie mir Prospekte Ihres Betriebes zu. Ich will
auch wissen, ob ich mir Teile Ihres Betriebes anschauen kann. Geben Sie mir
diese Information und antworten Sie bis Freitag.

Mit freundlichen Grüßen
Tom Schmidt

2 Formuliere die Aufforderungen aus den Sprechblasen als höfliche Fragen.
– Verwende die Wortgruppen mit dem **Konjunktiv II** vom Rand.
– Ergänze an passenden Stellen das Wort **bitte**.

Konjunktiv II
Könntest du …?
Könnten Sie …?
Würdest du …?
Würden Sie …?
Hättest du …?
Hätten Sie …?
Dürfte ich …?
Könnte ich …?

Hilf mir
mal!

Geben Sie mir
den Schlüssel!

Gib mir
dein Buch!

Sag mir, wann wir
uns morgen treffen.

Lassen Sie
mich vorbei!

Hast du ein Blatt
Papier für mich?

Könntest du mir bitte mal helfen?

Das kann ich! – Konjunktiv

1 Ergänze die folgenden Merksätze.

Wenn du wiedergeben möchtest, was jemand gesagt hat, verwendest du

häufig die indirekte Rede mit dem _____ .

Der Konjunktiv II wird vom _____ abgeleitet.

In Form einer Frage drückt der _____ Aufforderungen

oder _____ höflicher aus als der Imperativ.

2 Markiere in dem Interview die konjugierten Verbformen.

Ein Interview mit einem Freund des Erfinders

Reporter: „Herr Kahn, was ist ein Helioflex?"
Herr K.: „Das ist ein Spiegel. Er leitet die Sonnenstrahlen um.
Dadurch macht er dunkle Wohnungen heller."
Reporter: „Wie funktioniert das?"
5   Herr K.: „Auf eine Satellitenschüssel montiert man
eine verspiegelte Plexiglasscheibe. Schrauben krümmen
die Scheibe. Eine Mechanik dreht die Spiegelfläche nach
dem Lauf der Sonne."
Reporter: „Wie kommt man auf so eine Idee?"
10   Herr K.: „Der Erfinder lebt in einer dunklen Wohnung. Er hat
eine Sonnenblume beobachtet, die ihren Kopf immer
in Richtung Sonne dreht."

3 Ergänze die Wiedergabe des Gesprächs in der indirekten Rede.
Bilde dazu jeweils den **Konjunktiv I** der markierten Verben aus Aufgabe 2.

Der Reporter fragt, was ein Helioflex _____ . Herr K. antwortet,

das _____ ein Spiegel. Er _____ die Sonnenstrahlen

um und _____ dunkle Wohnungen heller. Der Reporter möchte

wissen, wie das _____ . Herr K. erklärt, man

_____ eine Satellitenschüssel auf eine verspiegelte

Plexiglasscheibe. Schrauben krümmten die Scheibe. Eine Mechanik

_____ die Spiegelfläche nach dem Lauf der Sonne.

Konjunktiv I
er komme, er lebe, er habe   beobachtet, sie drehe

4 Schreibe die Zeilen 9–12 des Interviews in indirekter Rede
in dein Heft. Verwende die **Konjunktive I** vom Rand.

5 Formuliere die Aufforderungen mit dem **Konjunktiv II** höflicher.
Verwende dazu die Formulierungen vom Rand.

Helfen Sie mir! _____

Gib mir einen Stift! _____

Nimm meine Tasche! _____

Machen Sie die Tür zu! _____

Konjunktiv II
Könnten Sie ...? Könntest du ...? Würden Sie ...? Würdest du ...?

Gesamtpunktzahl:

Grammatik: **Wortart – Verb**

Der Satz

Satzreihen

Konjunktionen ➤ S. 96

> **Merkwissen**
>
> Eine **Satzreihe** besteht aus mindestens zwei **Hauptsätzen**. Zwei oder
> mehr Hauptsätze können mit Konjunktionen, z. B. **denn** oder **aber**,
> verbunden werden. Zwischen den Sätzen steht ein Komma,
> z. B.: Eva gibt sich Mühe, denn sie verdankt das Praktikum ihrer Tante.
>   Hauptsatz   Hauptsatz

Mit der Konjunktion **denn** leitest du Begründungen ein.

1 Welche Begründungen vom Rand passen zu den folgenden Sätzen?
Notiere auf den Linien die passenden Buchstaben.

A Das Praktikum macht ihm viel Spaß. _d_
B Die Bäcker müssen schon früh mit der Arbeit beginnen. ____
C Er achtet darauf, immer pünktlich zu sein. ____
D Bei der Arbeit trägt er einen weißen Kittel. ____
E In der Pause notiert er sich, was er getan hat. ____

a) Er muss einen Bericht schreiben.
b) In der Bäckerei gibt es viel Mehlstaub.
c) Die Bäckerei öffnet schon um 6:30 Uhr.
d) Es ist sehr abwechslungsreich.
e) Er will einen guten Eindruck machen.

2 **a.** Bilde Satzreihen mit den Sätzen aus Aufgabe 1.
Verwende die Konjunktion **denn**. Schreibe in dein Heft.
Tipp: Denke an das Komma zwischen den Sätzen.
b. Umkreise in jedem Satz die Konjunktion und markiere
das konjugierte Verb.

> **Starthilfe**
>
> Das Praktikum macht ihm viel Spaß, (denn) es ist sehr abwechslungsreich. ...

Mit der Konjunktion **aber** kannst du Einschränkungen formulieren.

3 Welche Einschränkungen vom Rand passen zu den folgenden Sätzen?
Notiere die passenden Buchstaben auf den Linien.

A Das Praktikum macht ihm viel Spaß. _c_
B Er achtet darauf, immer pünktlich zu sein. ____
C Er findet die Leute in der Bäckerei sehr freundlich. ____
D Er freut sich schon jetzt auf seine Berufsausbildung. ____
E Er ist sehr zufrieden mit seinem Praktikum. ____

a) Sein Praktikumsbetreuer ist streng.
b) Bäcker möchte er nicht werden.
c) Es ist auch sehr anstrengend.
d) Sein nächstes Praktikum möchte er
in einem anderen Betrieb machen.
e) Das Aufstehen fällt ihm schwer.

4 **a.** Bilde Satzreihen aus den Sätzen aus Aufgabe 3.
Verwende die Konjunktion **aber**. Schreibe in dein Heft.
b. Umkreise in jedem Satz die Konjunktion und markiere
das konjugierte Verb.

> **Starthilfe**
>
> Das Praktikum macht ihm viel Spaß, (aber) es ist auch sehr anstrengend. ...

5 Schreibe mit den Konjunktionen **denn** und **aber** jeweils
zwei eigene Satzreihen in dein Heft.

> **Starthilfe**
>
> Ich mache ein Praktikum in einer Autowerkstatt, denn ich interessiere mich für Autos. ...

Satzgefüge

> **Merkwissen**
>
> Ein **Satzgefüge** besteht aus einem **Hauptsatz** und mindestens einem **Nebensatz**.
> Der Nebensatz endet mit einer **gebeugten Verbform**. Nebensätze werden mit Konjunktionen eingeleitet (z. B. **weil** oder **obwohl**) und vom Hauptsatz durch Komma getrennt,
> z. B.: Die Tante freut sich, **weil** sie nur Gutes über Eva hört.
>   Hauptsatz   Nebensatz

1   **a.** Umkreise im Text alle Konjunktionen, die einen Nebensatz einleiten.
     b. Unterstreiche die Nebensätze.
     c. Markiere die konjugierten Verben in den Nebensätzen.

Mein Praktikum in der Bäckerei

Das Praktikum macht mir viel Spaß, (weil) es sehr abwechslungsreich ist.

Den Beruf finde ich toll, obwohl ich das frühe Aufstehen nicht mag. Die Bäcker

müssen schon früh mit der Arbeit beginnen, weil die Bäckerei schon um 6:30 Uhr

öffnet. Ich fange aber erst um 8 Uhr zu arbeiten an, weil Praktikanten nicht

früher arbeiten dürfen. Ich darf leider nicht alle Arbeiten ausführen, obwohl ich

das gerne tun würde.

Eine Begründung kannst du mit „weil" an Hauptsätze anschließen.

2   **a.** Bilde Satzgefüge mit der Konjunktion **weil**. Schreibe in dein Heft.
     b. Umkreise die Konjunktion und markiere das konjugierte Verb in den Nebensätzen.

Ich achte immer auf Pünktlichkeit.	+	Ich will einen guten Eindruck machen.
Bei der Arbeit trage ich einen weißen Kittel.	+	Es gibt in der Bäckerei viel Mehlstaub.
In der Pause notiere ich mir, was ich getan habe.	+	Ich muss einen Praktikumsbericht schreiben.

Eine Einschränkung kannst du mit „obwohl" an Hauptsätze anschließen.

3   **a.** Bilde Satzgefüge mit der Konjunktion **obwohl**. Schreibe in dein Heft.
     b. Umkreise die Konjunktion und markiere das konjugierte Verb in den Nebensätzen.

> **Starthilfe**
>
> Das Praktikum macht mir viel Spaß, (obwohl) es auch sehr anstrengend ist. ...

Das Praktikum macht mir viel Spaß.	+	Es ist auch sehr anstrengend.
Ich finde die Bäcker sehr freundlich.	+	Mein Betreuer ist manchmal etwas streng.
Ich möchte wahrscheinlich nicht Bäcker werden.	+	Ich mag den Beruf.

4   Leiten die folgenden Sätze Begründungen oder Einschränkungen ein?
    Ergänze auf den Linien die Konjunktionen **weil** oder **obwohl**.

Ich komme morgens pünktlich zur Arbeit, _obwohl_ ich lange fahren muss.

Ich fange gleich mit der Arbeit an, _____ es viel zu tun gibt.

Ich mag die Arbeit, _____ ich Kuchen nicht so gerne esse.

Ich helfe beim Backen, _____ der Bäcker Unterstützung braucht.

Konjunktionalsätze

Konjunktionalsätze sind Nebensätze (NS), die mit einer Konjunktion eingeleitet werden, z. B. **als**, **weil**, **wenn**, **obwohl**, **damit**, **dass**, **sodass**, **solange** und **nachdem**.
Sie können **vor (Spitzenstellung)** oder **nach (Endstellung)** dem Hauptsatz (HS) stehen.

Mit Konjunktionen machst du Zusammenhänge deutlich.

1 Ergänze in den Sätzen passende Konjunktionen vom Rand.
Tipp: Manchmal gibt es mehrere Möglichkeiten.

~~bevor,~~ weil, wenn, während, nachdem, da

A Sie verabschiedete sich von allen, ___*bevor*___ sie ging.

B Sie verließ die Feier, _____ sie am nächsten Tag früh aufstehen musste.

C Sie wollte nur dann gehen, _____ ihr Freund sie nach Hause brachte.

D Die anderen räumten auf, _____ sie gegangen war.

E Sie war sehr müde, _____ sie nach Hause fuhr.

F Sie ging sofort ins Bett, _____ sie so früh aufstehen musste.

2 In den folgenden Sätzen wurden falsche Konjunktionen verwendet. Streiche alle falsch verwendeten Konjunktionen durch.

Mitternacht war schon längst vorüber, ~~weil~~ Sibel sich im Bett hin und her wälzte. Sie konnte nicht einschlafen, obwohl sie vor ihrem ersten Praktikumstag aufgeregt war. Nachdem sie pünktlich erscheinen wollte, musste sie am nächsten Morgen früh aufstehen. Wenn sie darüber nachdachte, schlief sie ein.

Achtung: Fehler!

3 Schreibe den Text aus Aufgabe 2 mit geänderten Konjunktionen in dein Heft.
– Achte auf sinnvolle Verknüpfungen von Nebensatz und Hauptsatz.
– Du kannst die Konjunktionen neben Aufgabe 1 verwenden.

Starthilfe

Mitternacht war schon längst vorüber, als Sibel sich im Bett hin und her wälzte. ...

4 **a.** Bilde aus den folgenden Hauptsätzen Satzgefüge. Verwende die Konjunktionen in den Klammern.
b. Umkreise in den Nebensätzen die Konjunktionen.
c. Markiere das gebeugte Verb im Nebensatz.

A Sarah kommt morgens pünktlich zur Arbeit. **(obwohl)** Sie muss lange fahren.

Sarah kommt morgens pünktlich zur Arbeit, (obwohl) sie lange fahren muss.

B Einmal verschläft sie. **(weil)** Sie hört ihren Wecker nicht.

C Sie fängt mit der Arbeit an. **(obwohl)** Sie ist noch müde.

D Die Zeit vergeht schnell. **(während)** Sie arbeitet konzentriert.

Konjunktionalsätze kannst du vor oder hinter den Hauptsatz stellen.

5 Ergänze passende Konjunktionalsätze mit den Konjunktionen vom Rand.

weil, damit, weil, obwohl

A *Weil man dabei den Berufsalltag kennen lernt,* ist ein Praktikum sinnvoll.

B Einige Schüler mögen das Praktikum nicht, _____

_____

C _____,

sollte man sich jedoch früh um einen Praktikumsplatz bewerben.

D Aber den meisten macht es Spaß, _____

_____

6 Stehen die Konjunktionalsätze in Spitzenstellung oder in Endstellung?
- **a.** Umkreise alle Konjunktionen, die Nebensätze einleiten.
- **b.** Unterstreiche die Nebensätze.
- **c.** Kreuze am Rand richtig an.

Stellung der Nebensätze

Spitzenstellung	Endstellung

Es hat sich gezeigt, (dass) der kleine tägliche Ärger Stress verursachen kann. [☐ / ☒]
Wenn es zu Hause schlechte Stimmung gibt, leidet man schnell an Stress. [☐ / ☐]
Man sollte seine eigene Situation kennen, damit man den Stress gezielt [☐ / ☐]
bewältigen kann.
Sobald man sein Verhalten versteht, kann man neue Handlungsweisen einüben. [☐ / ☐]

7 **a.** Umkreise im Text alle Konjunktionen, die einen Nebensatz einleiten.
b. Markiere in den Nebensätzen die gebeugten Verben.
c. Unterstreiche die Nebensätze.

Mein Praktikum im Blumenfachgeschäft – von Sarah Haras

Ich machte mein Praktikum im Blumenladen „Flora", (weil) ich mich gerne mit Blumen und Dekorationen beschäftige. Ich durfte schon alleine Blumensträuße binden, obwohl ich ganz neu war. Danach fotografierte ich sie, damit ich die Fotos für meinen Praktikumsbericht verwenden kann. Meine Chefin war zufrieden mit mir, weil ich immer pünktlich und zuverlässig arbeitete. Sie schenkte mir einen kleinen Blumenstrauß, als ich das Praktikum beendete. Ich habe mir für meinen Praktikumsbericht Notizen gemacht, nachdem meine tägliche Arbeit beendet war.

8 **a.** Schreibe Sarahs Bericht neu in dein Heft.
Verwende dabei drei der Nebensätze in Spitzenstellung.
b. Umkreise im Heft alle Konjunktionen, die Nebensätze einleiten.
c. Markiere in den Nebensätzen die gebeugte Verbform.

Starthilfe

(Weil) ich mich gerne mit Blumen und Dekorationen beschäftige, machte ich mein Praktikum im Blumenladen „Flora". ...

Z **9** Wo möchtest du dein Praktikum absolvieren und warum?
Schreibe vier eigene Satzgefüge mit Konjunktionalsätzen in dein Heft.
- Verwende dabei zweimal Nebensätze in Endstellung und zweimal Nebensätze in Spitzenstellung.
- Du kannst die Konjunktionen vom Rand verwenden.

bevor, wenn, obwohl, damit, falls

Relativsätze

Relativsätze sind **Nebensätze, die sich** meist **auf ein vorangehendes Nomen beziehen** (Relation = Beziehung). Sie werden immer vom Hauptsatz durch Komma abgetrennt und durch ein typisches **Relativpronomen** (z. B. **der, die, das**) eingeleitet, z. B.:

Geografie ist **das Schulfach**, **das** sich mit der Erde und der Erdoberfläche beschäftigt.

1 a. Unterstreiche in den folgenden Definitionen die Relativsätze.
b. Umkreise das Relativpronomen.
c. Markiere im Hauptsatz das Nomen, das durch den Relativsatz erklärt wird.

A Ein Offshore-Windpark besteht aus Windturbinen, die sich im Meer befinden.

B Unter Biomasse versteht man eine Energiequelle, die aus organischen Substanzen gewonnen wird.

C Bionik ist die Wissenschaft, die sich die Natur zum Vorbild nimmt.

Erklärungen ergänzt du oft mit Relativsätzen.

2 a. Welche Erklärung vom Rand passt zu welchem Satz?
Schreibe die Buchstaben **A–D** vor die passenden Erklärungen.
b. Ergänze die Sätze **A–D** durch Relativsätze. Schreibe auf die Linien.
c. Kreise das Relativpronomen ein.
d. Markiere das Nomen, auf das sich das Relativpronomen bezieht.

A Ein **Helioflex** ist ein Spiegel.   _A_ Sonnenstrahlen umleitet.

B **Solarenergie** ist eine Energieform.   _____ aus Atomkraft gewonnen wird.

C Unter **Kernenergie** versteht man eine Energieform.   _____ aus der Sonne gewonnen wird.

D **Biologie** ist ein Schulfach.   _____ sich mit der lebendigen Natur beschäftigt.

Ein Helioflex ist ein Spiegel, (der) Sonnenstrahlen umleitet. _____

_____

_____

_____

_____

3 Verbinde folgende Hauptsätze zu Satzgefügen mit Relativsätzen.
a. Schreibe die drei Satzgefüge in dein Heft.
b. Kreise das Relativpronomen ein.
c. Markiere das Nomen, auf das sich das Relativpronomen bezieht.

A Fotovoltaik ist eine Energie. Sie wird aus Licht gewonnen.
B Die Windkraft ist eine Energie. Sie wird aus Luftbewegungen gewonnen.
C Chemie ist ein Schulfach. Es beschäftigt sich mit Stoffen und ihren Gesetzmäßigkeiten.

Starthilfe

A Fotovoltaik ist eine Energie, die aus Sonnenlicht gewonnen wird.
B ...

Das kann ich! – Der Satz

1 Ergänze die folgenden Merksätze.

Eine **Satzreihe** besteht aus mindestens zwei _____ .

Ein **Satzgefüge** besteht aus einem _____ und mindestens

einem _____ . Im **Nebensatz** steht die gebeugte

Verbform am _____ .

Konjunktionalsätze sind Nebensätze, die mit _____ eingeleitet werden.

Sie können _____ **(Spitzenstellung)** oder _____ **(Endstellung)**

dem Hauptsatz (HS) stehen.

Relativsätze werden mit _____ eingeleitet.

2 a. Umkreise im Text alle Konjunktionen, die Nebensätze einleiten.
b. Markiere in allen Nebensätzen die gebeugten Verben.
c. Unterstreiche die Nebensätze.
d. Kreuze am Rand an, ob die Nebensätze in Spitzen- oder Endstellung stehen.

Viele setzen heute auf erneuerbare Energien, weil sie die Umwelt schonen. Bevor die erneuerbaren Energien verwendet wurden, nutzte man hauptsächlich fossile Brennstoffe wie Erdöl und Kohle. Obwohl fast alle fossilen Brennstoffe umweltschädlich sind, kann man nicht ganz auf sie verzichten. Man braucht sie noch, damit man den Energiebedarf der Menschheit decken kann.

Stellung der Nebensätze

Spitzen-stellung	Endstellung
☐	☒
☐	☐
☐	☐
☐	☐

3 Verbinde die Hauptsätze mit den Konjunktionen vom Rand zu Satzreihen. Schreibe in dein Heft.

aber,
denn

A Solarenergie ist eine erneuerbare Energie. Sie ist unbegrenzt verfügbar.
B Für die Menschen ist die Sonne eine unerschöpfliche Energiequelle. Ihre voraussichtliche Brenndauer beträgt noch etwa fünf Milliarden Jahre.
C Die Sonne könnte theoretisch genug Energie für die gesamte Menschheit liefern. Es fehlen noch Solaranlagen und Speichermöglichkeiten.

4 a. Verbinde die folgenden Hauptsätze zu Satzgefügen. Schreibe in dein Heft. Verwende dazu die Konjunktionen in Klammern.
b. Markiere die konjugierte Verbform im Nebensatz.

A Öl verschmutzt die Umwelt. Es verbrennt sauberer als Kohle. (obwohl)
B Öl ist keine Zukunftsenergie. Die Vorräte sind begrenzt. (weil)
C Solarenergie und Windenergie werden gebraucht. Auch in der Zukunft haben wir genug Energie. (damit)

5 Bilde Satzgefüge mit Relativsätzen.
a. Markiere zuerst das Nomen, das durch den Relativsatz erklärt werden soll.
b. Notiere am Rand geeignete Relativpronomen.
c. Schreibe die Satzgefüge in dein Heft.

A Ein fossiler Brennstoff ist ein Stoff. (… in der Erde lagert)
B Kohle ist ein Gestein. (… überwiegend aus Kohlenstoff besteht)

A _____

B _____

Gesamtpunktzahl:

Satzglieder und Attribute

Wiederholung: Subjekt und Objekt

Mit **Wer?** oder **Was?** fragt man nach dem **Subjekt**.
Mit **Wen?** oder **Was?** fragt man nach dem **Akkusativobjekt**.
Mit **Wem?** fragt man nach dem **Dativobjekt**.

Er   empfiehlt   ihr   dieses Handy.
Wer?   Wem?   Wen oder Was?

1 **a.** Schreibe zu den hervorgehobenen Satzgliedern passende Fragen
       und Antworten auf.
       b. Ergänze in Klammern dahinter die Bezeichnung des Satzglieds.

Sylvia sucht **ihren Hund**. *Wer sucht den Hund? – Sylvia (Subjekt)*

Wen sucht Sylvia? – ihren Hund (Akkusativobjekt)

Der Vater empfiehlt **dem Sohn seinen Zahnarzt**. (3 Satzglieder erfragen)

_____

_____

_____

Das Präpositionalobjekt

Das Präpositionalobjekt ist ein Satzglied, das aus einer **Präposition** und
einer Wortgruppe im **Dativ** (**Wem?**) oder im **Akkusativ** (**Wen? oder Was?**)
besteht. Nach dem **Präpositionalobjekt** fragst du mit **Wo(r)** +
Präposition (**Woran?**, **Worauf?**, **Womit?**, **Wofür?**, **Wovon?**...), z. B.:
Sie spricht von dem Film. – **Wovon** spricht sie? – **von dem Film**
                                          Präpositionalobjekt (PO) im Dativ

Er denkt oft an den Urlaub. – **Woran** denkt er? – **an den Urlaub**
                                          Präpositionalobjekt (PO) im Akkusativ

2 **a.** Schreibe Fragen und Antworten zu den Präpositionalobjekten auf.
       b. Markiere die Präpositionalobjekte. Umkreise die Präpositionen zusätzlich.

A Vom 12. bis zum 30. April nahm ich (an)einem Betriebspraktikum teil.

   Woran nahm ich teil?– an einem Betriebspraktikum

B Zuerst half ich bei der Kontrolle der gelieferten Ware.

   _____

C Im Laden fragten die Kunden oft nach neuen Sommerschuhen.

   _____

D Meistens entschieden sie sich für Schuhe, die ich ihnen empfohlen hatte.

   _____

3 Schreibe eigene Sätze mit Präpositionalobjekten in dein Heft.
       Verwende dabei die Verben vom Rand.

sich für etwas (Akkusativ) bedanken,
nach etwas (Dativ) fragen

Starthilfe

Er bedank sich für das Buch. ...

Wiederholung: Adverbiale Bestimmungen

1 **a.** Unterkringele in dem Brief alle adverbialen Bestimmungen.
    Die Fragen am Rand und die angegebene Anzahl in Klammern helfen dir.
  b. Ordne die adverbialen Bestimmungen in einer Tabelle im Heft.

Zeit (2 x):
Seit wann? Wie lange?
Ort (5 x):
Wo? Woher? Wohin?
Grund (2 x):
Warum? Wozu?
Art und Weise (7 x):
Wie?

Rheinheim, 12.03.2011

Bewerbung für ein Praktikum (2.–20. Mai 2011)

Sehr geehrte Frau Dahler,

aufgrund Ihrer Anzeige im Tagesblatt möchte ich mich gerne für ein Praktikum vom 2. bis zum 20. Mai in Ihrem Blumenladen bewerben. Ich bin seit einem Jahr in der Schulgarten-AG und arbeite dort sorgfältig und zuverlässig. Wegen meiner Fähigkeiten im Gestalten schmücke ich bei Feiern erfolgreich die Räume und wurde dafür einmal ausgezeichnet. Durch das Praktikum in Ihrem Geschäft möchte ich herausfinden, ob ich für den Beruf des Floristen wirklich geeignet bin.

Mit freundlichen Grüßen
Jakob Mühlbach

Starthilfe

Adverbiale Bestimmungen des Ortes (Wo?)	Adverbiale Bestimmungen der Zeit (Wann?)	Adverbiale Bestimmungen der Art und Weise (Wie?)	Adverbiale Bestimmungen des Grundes (Warum?)
– im Tagesblatt	– vom 2. bis zum 20. Mai	– gerne	– aufgrund Ihrer Anzeige
– ...	...	...	...

2 **a.** Erweitere die Sätze mit passenden adverbialen Bestimmungen.
    Verwende für jeden Satz zwei adverbiale Bestimmungen vom Rand.
  b. Markiere die adverbialen Bestimmungen.

A Michaela macht ihr Praktikum. (Wo?/Ort, Wann?/Zeit)

Michaela macht in zwei Monaten ihr Praktikum in einer Autowerkstatt.

Sie repariert die Fahrräder ihrer Familie. (Warum?/Grund, Wann?/Zeit)

B _____

_____

Auch schwierige Defekte repariert sie. (2 x Wie?/Art und Weise)

C _____

_____

~~in zwei Monaten,~~
sehr sorgfältig,
immer,
wegen ihrer Kenntnisse,
mit ruhiger Hand,
in einer Autowerkstatt

Adjektivische Attribute

Adjektivische Attribute sind beigefügte Wörter oder Wortgruppen.
Sie stehen **vor dem Nomen** und antworten auf die Fragen
Welcher?/Welche?/Welches?,
z. B.: Da kommt meine **beste** Freundin. **Welche** Freundin? – meine **beste**.

1 **a.** Frage mit **Welcher?**, **Welche?** oder **Welches?** nach adjektivischen
Attributen. Markiere sie.
Tipp: Es gibt 16 adjektivische Attribute in dem Text. Einmal stehen
zwei Attribute vor einem Nomen.

b. Überprüfe dein Ergebnis. Schreibe die Fragen nach den Attributen und
die Antworten in dein Heft.

Welche Frauen? –
die jungen Frauen ...

Berufswahl bei jungen Frauen

Jedes Jahr entscheidet sich die überwiegende Mehrheit der Schülerinnen für
einen typischen Frauenberuf und damit für weniger Geld und schlechtere
Aufstiegschancen. Bei ihren beliebtesten Ausbildungsberufen ist kein einziger
Technikberuf dabei. Stattdessen haben die Berufe Krankenschwester und
Erzieherin einen festen Platz in den Top Ten. Als typische Frauenberufe gelten
alle familiennahen Berufe, für die man große soziale Kompetenz braucht, die
aber in der gesellschaftlichen Bewertung schlechter abschneiden. Viele Betriebe
stellen bei Veranstaltungen wie dem jährlichen „Girls' Day" deshalb techniknahe
Berufe vor und hoffen, dass sich junge Frauen in Zukunft jeden Beruf zutrauen.

Mit Attributen gibst du zusätzliche Informationen zu Nomen.

2 Ergänze im Text passende adjektivische Attribute aus der Randspalte.

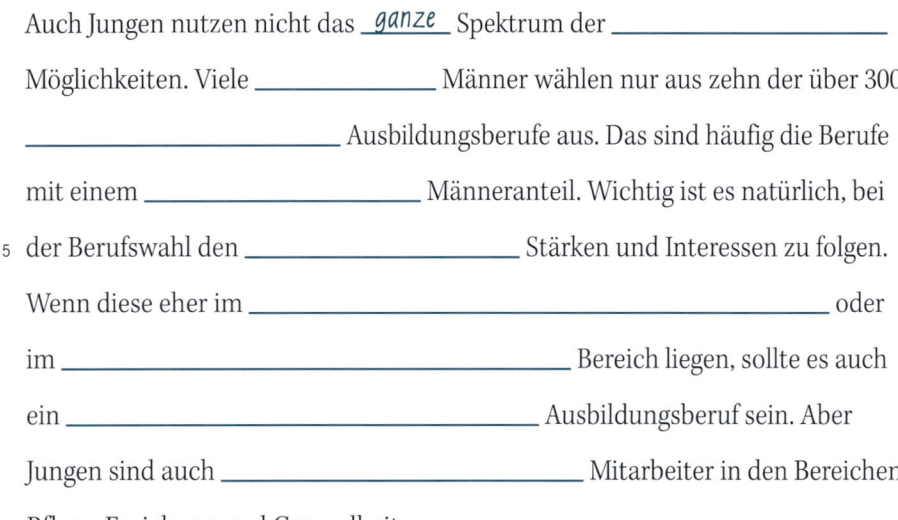

Berufswahl bei jungen Männern

Auch Jungen nutzen nicht das _ganze_ Spektrum der _____

Möglichkeiten. Viele _____ Männer wählen nur aus zehn der über 300

_____ Ausbildungsberufe aus. Das sind häufig die Berufe

mit einem _____ Männeranteil. Wichtig ist es natürlich, bei

5 der Berufswahl den _____ Stärken und Interessen zu folgen.

Wenn diese eher im _____ oder

im _____ Bereich liegen, sollte es auch

ein _____ Ausbildungsberuf sein. Aber

Jungen sind auch _____ Mitarbeiter in den Bereichen

10 Pflege, Erziehung und Gesundheit.

~~ganze,~~
angebotenen,
junge,
hohen,
handwerklichen,
beruflichen,
entsprechender,
technischen,
gefragte,
eigenen

Z **3** Welche Merkmale soll dein späterer Beruf haben?
Beschreibe den Beruf mit möglichst vielen adjektivischen Attributen.
Schreibe einen interessanten Text in ganzen Sätzen in dein Heft.

Punkte

1 Ergänze die folgenden Merksätze.

/8 Punkte

Das **Präpositionalobjekt** ist ein Satzglied, das aus einer _____

und einer Wortgruppe im **Dativ** oder im _____ besteht.

Es gibt **adverbiale Bestimmungen** _____ _____, **des Ortes**, _____

_____ _____ _____ und **des Grundes**.

Adjektivische Attribute stehen _____ dem Nomen und antworten auf

die **Fragen** _____, _____, _____.

2 **a.** Schreibe zu allen hervorgehobenen Satzgliedern passende Fragen
und Antworten auf. Du findest die Fragewörter am Rand.
b. Kreise bei den Präpositionalobjekten die Präpositionen ein.

/12 Punkte

/2 Punkte

Wer? oder Was?
Wen? oder Was?
Wem?
Wonach?
Wofür?

A **Sie** fragte **die Zeitungsverkäuferin nach dem Weg**.

Subjekt: _____

Akkusativobjekt: _____

Präpositionalobjekt: _____

B **Er** dankte **der Frau für diese Information**.

Subjekt: _____

Dativobjekt: _____

Präpositionalobjekt: _____

3 Erweitere die Sätze mit passenden adverbialen Bestimmungen vom Rand.
Schreibe in dein Heft.

/8 Punkte

bei der Firma Sachs,
nach Bonn, sorgfältig, schnell,
aufgrund einer Krankheit,
im nächsten Monat, gestern,
wegen ihrer guten Leistungen

A Sie macht ihr Praktikum. **(Zeit/Ort)**
B Er arbeitet. **(2 x Art und Weise)**
C Sie hat ein Lob bekommen. **(Zeit/Grund)**
D Sie fuhr nicht mit. **(Ort/Grund)**

4 Markiere alle adjektivischen Attribute im Text.
Tipp: Du musst 15 Attribute markieren.
Zweimal stehen sogar zwei Attribute vor einem Nomen.

/15 Punkte

Auf großem Fuß lebt jemand, der viel Geld ausgibt. Diese alte Redensart
bezieht sich auf den französischen Grafen von Anjou. Er war ein reicher
und angesehener Mann, hatte aber ein Problem: ein hässliches,
dickes Geschwür am Fuß. Deshalb passten ihm die vornehmen Schuhe nicht
und er ließ sich große Schuhe anfertigen. Darin konnte er seine riesigen Füße
verstecken. Weil er sehr angesehen war, wollten seine Mitbürger das
nachahmen. Doch nur die reichen Leute konnten sich die großen Treter
leisten – und deshalb auf großem Fuß leben.

Gesamtpunktzahl:

/45 Punkte

Der Kompetenztest

1 Lies die Texte und die Grafik mithilfe des Textknackers.

Material 1
Energie aus Biomasse

Bürgermeister Brandenburg ist stolz. Sein Heimatdorf Jühnde ist in
den Schlagzeilen und findet weit über die Grenzen Niedersachsens hinaus
Beachtung. Was ist passiert, dass ein Ort mit knapp 800 Einwohnern in
den Mittelpunkt des öffentlichen Interesses gerät? Der Grund: Jühnde wurde
5 zusammen mit den Gemeinden Effelter (Bayern) und Feldheim (Brandenburg)
zum Sieger des bundesweiten Wettbewerbs „Bioenergiedörfer 2010" gekürt.
Mit dieser Auszeichnung prämiert das Bundesministerium für Ernährung,
Landwirtschaft und Verbraucherschutz (BMELV) beispielhafte Bioenergiedörfer,
die mindestens die Hälfte ihres Jahresstrom- und wärmebedarfs aus regional
10 erzeugter Biomasse decken. Biomasse gibt es aber nicht nur in Jühnde, sondern
auf der ganzen Welt, und anders als Kohle, Erdöl und Erdgas entsteht sie in
kurzer Zeit neu.

Energie aus der Verbrennung von Holz nutzten schon unsere Vorfahren in
der Altsteinzeit. Sie wärmten sich am Feuer und bereiteten dort ihre Speisen zu.
15 Bis ins 19. Jahrhundert hinein war Holz fast die einzige Energiequelle.
Der steigende Energiebedarf seit der Industrialisierung konnte dann nur
mithilfe von Kohle gedeckt werden. Später kamen Erdöl und Erdgas dazu. Diese
sogenannten fossilen Brennstoffe haben erhebliche Nachteile: Sie erhöhen
den CO_2-Gehalt in der Atmosphäre, tragen so zur Erderwärmung bei und stehen
20 nicht unbegrenzt zur Verfügung. Sie werden immer knapper und daher teurer.

Eine Alternative zu den fossilen Brennstoffen bieten die erneuerbaren Energien.
So werden Wasserkraft, Wind- und Sonnenenergie schon seit Jahren für eine
umweltfreundliche Energiegewinnung genutzt. Nun kommt verstärkt die
Energieerzeugung aus Biomasse hinzu. Aus Pflanzen, tierischen Rückständen
25 wie Mist und Gülle[1] oder aus Bioabfall wird Energie gewonnen. Mit Biomasse
kann Wärme und Strom erzeugt oder Kraftstoff produziert werden (der
sogenannte Biodiesel). CO_2 entsteht dabei zwar auch, es wird aber nicht mehr
CO_2 freigesetzt, als vorher von den Pflanzen aufgenommen wurde. Die Nutzung
der Biomasse hängt nicht vom Wind oder von der Sonneneinstrahlung ab.
30 Damit ist sie verlässlicher als die meisten erneuerbaren Energien.

Doch wie wird aus Biomasse Strom und Wärme? Dafür gibt es in Jühnde eine
Bioenergieanlage. Die für die Energiegewinnung verwendete Biomasse wird
von den ansässigen Landwirten produziert. Sie bauen auf etwa 18 Prozent
der Agrarflächen des Dorfes Energiepflanzen[2] wie Raps, Mais oder Gras an.
35 Die Pflanzenmasse wird zunächst vergärt und anschließend zusammen mit
der in der Tierhaltung anfallenden Gülle in eine Biogasanlage eingespeist.
Bakterien zersetzen dort die organischen Stoffe zu dem Biogas Methan, das in
das benachbarte Blockheizkraftwerk[3] weitergeleitet wird. Dort wird das Methan
in einem Gasmotor verbrannt, wodurch Elektrizität produziert wird.

---

1 die Gülle: flüssiger Dünger aus Urin und Kot landwirtschaftlicher Nutztiere
2 Energiepflanzen werden zur Energiegewinnung angebaut und liefern Biomasse.
3 das Blockheizkraftwerk: eine Anlage zur Gewinnung von Strom und Wärme

40 Der umweltfreundliche Strom aus dem Blockheizkraftwerk kann aber nicht
direkt von den Dorfbewohnern verbraucht werden, sondern er muss in
das Stromnetz des örtlichen Elektrizitätsversorgungsunternehmens (EVU)
eingespeist werden. Insgesamt wird in der Bioenergieanlage mit etwa vier
Millionen Kilowattstunden im Jahr ungefähr doppelt so viel Elektrizität
45 produziert, wie das Dorf selbst verbraucht. Mit dem Erlös aus dem Stromverkauf
kann so nicht nur der Betrieb der Anlage finanziert, sondern es können auch
die Energiekosten für die Verbraucher deutlich gesenkt werden.

Die bei der Stromerzeugung frei werdende Wärme kann außerdem direkt von
den Einwohnern verbraucht werden. Dazu wird sie über das Nahwärmenetz
50 (ein unterirdisches Leitungssystem) in die Häuser geleitet. Zusätzliche Wärme
für besonders kalte Tage liefert ein Holzhackschnitzelheizwerk, das Restholz aus
den umliegenden Wäldern verbrennt. Dabei werden die regionalen Waldbesitzer
ihren Holzabfall los und die Bewohner freuen sich, weil sie die Wärme aus
Bioenergie weniger kostet als zum Beispiel die aus Erdöl.

55 Die Gemeinde ist stolz, dass sie sogar nicht nur einen Teil, sondern ihren
gesamten Energiebedarf durch die umweltfreundliche Energieanlage produziert.
Einige Gemeinden sind bereits diesem guten Beispiel gefolgt und so gab es im
Jahr 2010 bereits über 60 Bioenergiedörfer in Deutschland.

Material 2

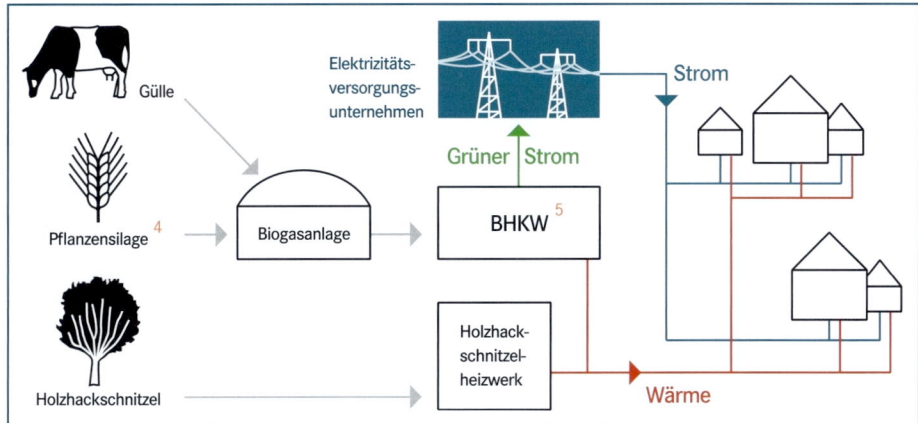

Eine Bioenergieanlage
und ihre Bestandteile

Material 3

Kritik an der Energiegewinnung aus Biomasse

– Der Anbau von Energiepflanzen hat bereits jetzt so stark zugenommen, dass
er teilweise mit der Nahrungsmittelproduktion konkurriert. So sind in vielen
Ländern, in denen Mais und Weizen auch für die Herstellung von Treibstoffen
genutzt werden, die Preise für Nahrungsmittel gestiegen.
– Wenn für den Anbau von Energiepflanzen Regenwälder abgeholzt werden,
kann die Energiegewinnung aus Biomasse auch klimaschädlich sein.
– Der zunehmende Anbau von Energiepflanzen führt zu riesigen Flächen mit
Monokulturen[6]. Diese sind ein Nährboden für Schädlinge und Pflanzen-
krankheiten, die den Einsatz von Chemikalien erfordern.
– Wollte Deutschland seinen gesamten Treibstoffbedarf mit Biokraftstoffen
decken, wäre eine Anbaufläche nötig, die größer wäre als die gesamte
Bundesrepublik. Auch wenn die Rohstoffe nachwachsen, sind sie nicht in
unendlicher Menge verfügbar.

---

4 die Pflanzensilage: zerkleinerte Pflanzen, die unter Luftabschluss vergärt werden
5 das BHKW: Abkürzung für Blockheizkraftwerk
6 die Monokultur: Anpflanzung von nur einer Pflanzensorte auf einer großen Fläche

2 **a.** Markiere die Absätze von Material 1 mit Kreisen und nummeriere sie.

b. Schreibe für die Absätze 2 bis 7 passende Überschriften auf.

Punkte
/ 12 Punkt

1   *Ein beispielhaftes Bioenergiedorf*   2 _____

3 _____   4 _____

5 _____   6 _____

7 _____

Kreuze in den Aufgaben 3 bis 8 jeweils die eine richtige Antwort an.

3 Was ist ein Bioenergiedorf?

☐ **a)** Ein Dorf, in dem alle Einwohner Ökostrom kaufen.

☐ **b)** Ein Dorf mit mindestens einer Bioenergieanlage.

☐ **c)** Ein Dorf, das keinen Stromanschluss hat und mit Holz heizt.

☐ **d)** Ein Dorf, das über die Hälfte seines Energieverbrauchs aus regional erzeugter Biomasse deckt.

/2 Punkte

4 Was ist das Besondere an dem Dorf Jühnde?

☐ **a)** Es wird seit 2010 vom EVU mit Bioenergie versorgt.

☐ **b)** Es war das sechzigste Bioenergiedorf Deutschlands.

☐ **c)** Es wurde als beispielhaftes Bioenergiedorf vom BMELV prämiert.

☐ **d)** Es gehört mit den Dörfern Effelter und Feldheim zusammen.

/2 Punkte

5 Biomasse gibt es …

☐ **a)** … nur in Bioenergiedörfern.   ☐ **c)** … nur in Deutschland.

☐ **b)** … nur in Bayern und Brandenburg.   ☐ **d)** … auf der ganzen Welt.

/2 Punkte

6 Fossile Brennstoffe …

☐ **a)** … sind nicht umweltschädlich.   ☐ **c)** … gibt es nicht unbegrenzt.

☐ **b)** … gibt es unbegrenzt.   ☐ **d)** … werden immer billiger.

/2 Punkte

7 Energiepflanzen sind Pflanzen, …

☐ **a)** … die besonders viel Energie benötigen.

☐ **b)** … die zur Produktion von Energie angebaut werden.

☐ **c)** … die energiesparend angebaut werden.

☐ **d)** … aus denen Nahrungsmittel produziert werden.

/2 Punkte

8 Aus welchen drei Bereichen kommt die Biomasse?

☐ **a)** Pflanzen, tierische Rückstände, Bioabfall   ☐ **c)** Gülle, Mist, Erde

☐ **b)** Gras, Wasser, Holzhackschnitzel   ☐ **d)** Raps, Mais, Methan

/2 Punkte

9 **a.** Wie wird aus Biomasse Energie gewonnen? Markiere die Textstelle.

b. Schreibe eine kurze Antwort auf die Frage in eigenen Worten auf.

/6 Punkte

_____

_____

10 Ergänze die folgenden Sätze mit passenden Wörtern vom Rand. Betrachte dazu das Schaubild auf Seite 87 und lies im Text die Absätze 4 bis 6.

/3 Punkte

Biogasanlage
Methan
Wärme

A Das Holzhackschnitzelheizwerk produziert _____.

B Das Methan wird in der _____ produziert.

C Im Blockheizkraftwerk wird _____ verbrannt.

Gesamtpunktzahl dieser Seite: /33 Punk

11 Erkläre die folgenden Abkürzungen. Du findest sie in den Materialien 1 und 2.

EVU: _____

BMELV: _____

BHKW: _____

/6 Punkte

12 Welche zwei Formen von Energie produziert das Blockheizkraftwerk?
    a. Kreise in dem Schaubild den entsprechenden Bereich mit Bleistift ein.
    b. Markiere mindestens zwei passende Stellen in Material 1.
    c. Beantworte die Frage in Stichworten.

_____

/2 Punkte
/2 Punkte
/2 Punkte

13 **a.** Lies das Material 3 genau.
    b. Kreuze in den Aufgaben 15 bis 18 jeweils die **eine** richtige Ergänzung an.

14 Der Anbau von Energiepflanzen …
    ☐ **a)** … verbilligt die Nahrungsmittel.   ☐ **c)** … bewirkt Preissteigerungen.
    ☐ **b)** … stillt den Hunger in der Welt.   ☐ **d)** … macht die Armen reich.

/2 Punkte

15 Monokulturen …
    ☐ **a)** … sind vorteilhaft, weil sie riesige Flächen benötigen.
    ☐ **b)** … sind ein Nährboden für Schädlinge und Pflanzenkrankheiten.
    ☐ **c)** … verdrängen keine anderen Nutzpflanzen.
    ☐ **d)** … erfordern keine Chemie.

/2 Punkte

16 Der Anbau von Energiepflanzen ist klimaschädlich, wenn dafür …
    ☐ **a)** … Regenwald gepflanzt wird.   ☐ **c)** … im BHKW CO_2 entsteht.
    ☐ **b)** … Strom zum EVU fließt.   ☐ **d)** … Regenwald abgeholzt wird.

/2 Punkte

17 Wenn Deutschland seinen gesamten Treibstoffbedarf nur mit Biokraftstoffen decken wollte, würden in Deutschland …
    ☐ **a)** … Elektroautos verboten sein. ☐ **c)** … die Anbauflächen nicht reichen.
    ☐ **b)** … die Nahrungspreise fallen   ☐ **d)** … Pflanzen unendlich nachwachsen.

/2 Punkte

18 Wo ist das „Nahwärmenetz" in dem Schaubild auf Seite 87 eingezeichnet?
    – Lies dazu noch einmal den sechsten Absatz vom Material 1.
    – Beschreibe diesen Teil des Schaubilds in eigenen Worten.

_____

_____

/6 Punkte

19 Vervollständige das folgende Flussdiagramm mit den Wörtern vom Rand.

/6 Punkte

Von der Biomasse zur Energie

| Vergärung |
| Pflanzensilage |
| Biogasanlage |
| BHKW |
| Strom |
| Wärme |

Energiepflanzen → ☐ → ☐

☐ ← Methan ← ☐ ← Gülle

☐   ☐

Gesamtpunktzahl dieser Seite:
Gesamtpunktzahl vorheriger Seite:
Sachtexte und Grafiken erschließen – Gesamtpunktzahl:

/32 Punkte
/33 Punkte
/65 Punkte

Das kann ich! – Rechtschreiben

1 Verlängere die Wörter. Schreibe beide Formen richtig auf die Linien.

sie schwin ■ t (g/k) _____ also _____

es bru ■ t (m/mm) _____ also _____

der Betrie ■ (b/p) _____ also _____

mil ■ (d/t) _____ also _____

2 Leite die Wörter ab. Finde jeweils ein verwandtes Wort.
Schreibe die Wortpaare richtig auf die Linien.

sch ■ mt (äu/eu) _____ also _____

kr ■ ftig (ä/e) _____ also _____

3 **a.** Markiere in den Wörtern die Wortstämme **-nehm-**, **-nahm-** und **-nommen**.

> angenommen, die Vernehmung, abnehmen, die Maßnahme, einnehmen,
> eingenommen, die Abnahme, die Unternehmung, das Unternehmen,
> aufnehmen, die Übernahme, zunehmend, teilgenommen, herausnehmen,
> entgegennehmen

b. Schreibe die Nomen der Wortfamilie **nehmen** aus dem Kasten auf.
Denke an die Artikel.

_____

_____

4 **a.** Ergänze den Merksatz.
b. Bilde mit den Wörtern in Klammern Nomen. Schreibe auf die Linien.
Denke an die Artikel.

Wörter mit den Suffixen **-ung**, **-nis**, -_____ und -_____ sind Nomen. Sie

werden _____ geschrieben. **(kreuzen, erleben, schön, krank, sauber)**

_____

_____

5 **a.** Markiere in dem Text alle Wörter mit **wider**.
b. Unterstreiche alle Wörter mit **h** nach langem Vokal.

Durch den Musikwettbewerb wurde er über Nacht berühmt. Schon am Morgen
standen die Fans vor seiner Wohnung. Davor war er immer mit der Bahn in
die Stadt gefahren, doch jetzt nahm er ein Taxi. Am Anfang fühlte er sich
geschmeichelt, dass ihm die Mädchen nicht widerstehen konnten. Aber jetzt
gibt er nur noch widerwillig Autogramme und Briefe erwidert er schon lange
nicht mehr. Den ganzen Trubel findet er inzwischen widerwärtig.

c. Schreibe die Wörter mit **h** nach langem Vokal aus dem Text auf die Linien.

_____

_____

Rechtschreiben – Gesamtpunktzahl:

1 **a.** Markiere alle Passivformen im folgenden Text.

    b. Schreibe den letzten Satz im Passiv auf die Linien unter dem Text.

       Tipp: Du musst dazu „die Stadt" weglassen.

/ 16 Punkte

/ 2 Punkte

Der neue Skatepark

Es ist so weit! Der von allen lang ersehnte Skatepark wird nun endlich gebaut!
Zuerst werden die Erdarbeiten erledigt, danach werden die Schalbretter
ausgelegt. Am Ende der Woche wird der Beton geliefert und dann wird mit
dem Bau der Curbs begonnen. Danach wird alles betoniert. Ob Quaterpipe,
Minirampe oder Zuschauertribüne – hier wird nicht gespart. Die großzügigen
Sponsoren werden schon jetzt sehr gelobt. Durch diese Anlage schafft die Stadt
ein tolles Freizeitangebot für Skatebegeisterte.

_____

_____

2 **a.** Markiere im folgenden Text alle Verbformen im Konjunktiv I.

    b. Unterstreiche einen Konjunktiv II.

/ 7 Punkte

/ 1 Punkte

Nach der ersten Begegnung mit ihrem Austauschpartner sagte Sandra, sie habe
leider nicht alles verstanden. Jean-Paul spreche etwas zu schnell. Sie wolle ihm
das noch sagen, doch jetzt müsse sie sich erst einmal ausruhen. Die französische
Art der Begrüßung sei ihr zwar noch fremd, sie werde sich aber sicher noch
daran gewöhnen. Zwei Wochen später meinte Sandra, sie könne sich gar nicht
vorstellen, wieder nach Hause zu fahren. Wer hätte das gedacht?

3 Kreise im Text unter Aufgabe 2 alle Pronomen ein.

/ 11 Punkte

4 Erweitere die Sätze mit passenden adverbialen Bestimmungen vom Rand.
Schreibe auf die Linien.

/ 6 Punkte

> wegen des
> Regens,
> jeden Tag, im
> Elektrogeschäft,
> in einem Monat,
> heute, fleißig

A Er beginnt sein Praktikum. (Wann?/Zeit, Wo?/Ort)

_____

B Er geht nicht wandern. (Warum?/Grund, Wann?/Zeit)

_____

C Sie lernt für die Klassenarbeit. (Wie?/Art und Weise, Wann?/Zeit)

_____

5 Verbinde die zwei Sätze zu einem Satzgefüge. Verwende dazu eine passende
Konjunktion vom Rand.

/ 2 Punkte

> obwohl
>
> weil

Sie geht heute nicht in den Skatepark. Es ist schönes Wetter.

_____

_____

Grammatik – Gesamtpunktzahl: / 45 Punkte

Du überarbeitest den folgenden informierenden Text mithilfe
der Texte und des Schaubilds auf den Seiten 86–87.

*Achtung:
Fehler!*

Gülle statt Erdöl

Auf dem Land kann man bereits fossile Brennstoffe einsparen, weil es dort
nachwachsende Brennstoffe gibt. Einige Dörfer heizen mit Biomasse und
produzieren gleichzeitig Strom. Im Jahre 2011 gab es bereits 60 solche
Bioenergiedörfer in Deutschland.

5 Das folgende Schaubild zeigt, wie aus der Biomasse Energie gewonnen wird.

Von der Biomasse zur Energie

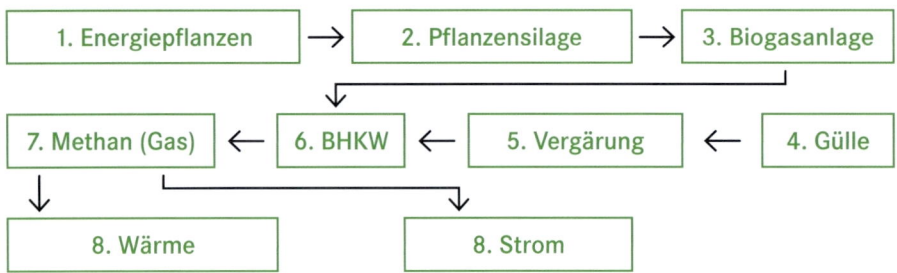

Biomasse ist besonders verlässlich, weil sie nur von Sonne und Wind abhängt.
Und es gibt genug Anbauflächen in Deutschland. Wenn aus Pflanzen mehr
Energie und weniger Nahrungsmittel produziert werden, steigen die Preise für
Nahrungsmittel. Für neue Anbauflächen wird zudem Regenwald abgeholzt.

10 Dadurch und durch die Monokulturen kann Biomasse auch schädlich sein.
Deshalb ist es nicht selbstverständlich, dass Bioenergiedörfer prämiert werden.
Schließlich haben die schon den Vorteil, dass für sie die Energie billiger wird,
und die Nachteile werden vielleicht vergessen.

1 Welche Zeitangabe im ersten Absatz stimmt nicht? Schreibe die richtige
Angabe aus dem Text auf den Seiten 86–87 am Rand auf.

/3 Punkte

2 **a.** Markiere im Schaubild alle Angaben, die an falscher Stelle stehen.

/5 Punkte

b. Schreibe die richtigen Angaben mit passenden Nummern am Rand auf.

/5 Punkte

3 Überprüfe, ob die Überschrift zu den Aussagen des Textes passt.
Schreibe eine Überschrift auf, die auch die Nachteile der Biomasse andeutet.

/4 Punkte

4 Wofür steht die Abkürzung **BHKW**? Schreibe die Auflösung am Rand auf.

/2 Punkte

5 **a.** Streiche im zweiten Absatz zwei falsche Aussagen durch.

/2 Punkte

b. Schreibe die Informationen dieser beiden Sätze richtig auf die Linien.

/4 Punkte

6 **a.** Vergleiche alle Informationen mit den Materialien auf den Seiten 86–87.

b. Notiere Stichworte für deine Überarbeitung in deinem Heft.

7 Schreibe den informierenden Text mit Schaubild überarbeitet in dein Heft.
– Schreibe sachlich und verwende geeignete Fachwörter.
– Nenne die Vor- und Nachteile einer Nutzung von Biomasse.

/25 Punkte

Einen informierenden Text überarbeiten – Gesamtpunktzahl: /50 Punkte

Das kann ich! – Eine Kleinanzeige schreiben

Du suchst einen Ferienjob und schreibst eine Kleinanzeige.

Bitte füllen Sie die Kontaktdaten vollständig aus.

Anrede ☐ Herr ☐ Frau   ☐ /1 Punkt

Zuname   Vorname   ☐ /2 Punkt

Straße und Hausnummer   ☐ /1 Punkt

PLZ und Wohnort   ☐ /2 Punkt

Telefon   /   ☐ /1 Punkt

E-Mail   ☐ /1 Punkt

Bitte kreuzen Sie die gewünschte Rubrik an.

☐ Ankauf ☐ Verkauf ☐ Stellengesuche ☐ Stellenangebote ☐ Freizeit   ☐ /2 Punkte

Bitte schreiben Sie Ihren Anzeigentext.

_____   ☐ /30 Punkte

_____   (Punkteverteilung
siehe Aufgabe 3)

_____

_____

_____

_____

_____

_____

_____

Die Antworten auf meine Anzeige …

☐ … hole ich persönlich ab. ☐ … senden Sie an meine Anschrift (5,50 €)

Ihre Anzeige erscheint in der Ausgabe am Samstag. Donnerstags um 12:00 Uhr ist Anzeigenschluss.

1 Fülle alle Felder des Formulars bis auf den Anzeigentext richtig aus.

2 **a.** Welcher Ferienjob am Rand passt zu dir? Kreuze an.

    b. Schreibe Stichworte zu den folgenden Fragen in dein Heft.

       – Welche Fähigkeiten benötigst du für diese Tätigkeit?

       – Zu welchen Tageszeiten musst du arbeiten?

☐ Haustiere ausführen
☐ Zeitungen austragen
☐ Gartenarbeiten
☐ Stühle und Tische in Gartencafés aufstellen

3 **a.** Notiere dir Stichworte zu den folgenden Anforderungen in deinem Heft.

       – Welche Tätigkeit willst du ausüben?

       – Dein Alter? Dein Geburtsjahr? Dein Geschlecht?

       – Wodurch bist du für die Tätigkeit geeignet?

       – Für welche Arbeitszeiten und welchen Zeitraum suchst du Arbeit?

       – Wie hoch sind deine Lohnvorstellungen?

(6 Punkte)
(6 Punkte)
(6 Punkte)
(6 Punkte)
(6 Punkte)

    b. Schreibe deinen Anzeigentext gut lesbar auf die vorgesehenen Linien.

    c. Überprüfe das ausgefüllte Formular auf Fehler. Korrigiere, wenn nötig.

       Für jeden Rechtschreibfehler wird einer von 10 Punkten abgezogen.   ☐ /10 Punkte

Eine Kleinanzeige schreiben – Gesamtpunktzahl: ☐ /50 Punkte

Wissenswertes auf einen Blick

Rechtschreiben, Zeichensetzung

Das Gliedern, das Verlängern, das Ableiten

Beim **Gliedern** zerlegst du mehrsilbige Wörter in Sprechsilben, z. B.: Er | eig | nis | se.

Durch **Verlängern** kannst du Endbuchstaben hörbar machen.
Pferd – Pferde, er schwingt – schwingen, wütend – wütende

ä/äu oder **e/eu**? Wenn du nicht sicher bist, kannst du das Wort **ableiten**.
Findest du ein verwandtes Wort mit **a/au**, dann schreibe **ä/äu**.
die W**ä**lder – der W**a**ld   die B**äu**me – der B**au**m

Einige Wörter kannst du nicht ableiten. Es sind **Merkwörter**, z. B.: der Bär.

Manche Wörter sind miteinander verwandt und bilden **Familien**. Die Mitglieder einer Wortfamilie
haben denselben **Wortstamm**. **Gleiche Wortstämme** schreibt man meist gleich.
be**sitz**en, er **sitz**t, die **Sitz**ung

Übungen S. 46–49

Großschreibung

Aus Adjektiven können Nomen werden.
Die starken Wörter **alles**, **nichts**, **allerlei**, **etwas**, **genug**, **viel** und **wenig** machen's!
gut – alles Gute, schön – allerlei Schönes

Zusammengesetzte Nomen aus **Wochentag** und **Tageszeit** werden zusammen- und großgeschrieben.
der Montagabend
Nach **gestern**, **heute** und **morgen** werden Tageszeiten großgeschrieben.
morgen Mittag

Wörter mit den Suffixen **-ung**, **-heit**, **-keit** und **-nis** sind Nomen. Sie werden großgeschrieben.

Aus Verben können Nomen werden.
Der Artikel **das** und die starken Wörter **beim**, **zum**, **im**, **am** und **vom** machen's!
arbeiten – **das** Arbeiten / **beim** Arbeiten / **zum** Arbeiten

Übungen S. 50–52

Fremdwörter

Fremdwörter kann man oft an ihren **Endungen (Suffixen)** erkennen.
Viele Nomen haben die Endungen **-ie** oder **-ität**.
Viele Adjektive haben die Endung **-(i)ell**.

Fremdwörter mit v: Viele Wörter, die **mit v** beginnen, sind **Fremdwörter**, z. B.: die Violine = die Geige.

Verben auf -ieren: Viele von Fremdwörtern abgeleitete Verben enden auf **-ieren**.
transportieren (von: der Transport)

Übungen S. 53–55

Getrenntschreibung

Die Wortgruppen **Nomen + Verb** und **Verb + Verb** werden in der Regel **getrennt** geschrieben.
Heute wollen wir Rad fahren. Ich möchte lieber spazieren gehen.

Wortgruppen aus **Adjektiv + Verb** schreibt man in der Regel **getrennt**.
ruhig bleiben

Wortgruppen mit **sein** schreibt man **getrennt**, egal, welches Wort vor **sein** steht.
an sein, aus sein

Übungen S. 56–57

Wörter mit h

Bei einigen Wörtern steht nach einem lang gesprochenen Vokal oder Umlaut ein **h**.
Allerdings nur vor den Konsonanten **l**, **m**, **n** und **r**.

   Stuhl   ähnlich
 langer Vokal vor l   langer Umlaut vor n

In den meisten Wörtern folgt nach einem langen Vokal **kein h**.

Übungen S. 58–59

Wörter mit wider

Das Wort **wider** hat die Bedeutung „**gegen**", „**dagegen**", „**entgegen**".
Du sollst mir nicht widersprechen.

Übungen S. 60–61

Komma in Aufzählungen und Satzgefügen

Die Teile einer **Aufzählung**, die nicht durch **und/oder** verbunden sind, werden durch **Komma** voneinander getrennt.
Aufzählungen können aus **Wörtern**, **Satzteilen** oder **Sätzen** bestehen.

In einem Satzgefüge werden **Nebensätze (NS)** vom **Hauptsatz (HS)** durch Komma abgetrennt. Am Anfang des NS steht häufig eine Konjunktion, z. B. **als**, **weil**, **dass**, **obwohl**.
Als ich sie sah, schlug mein Herz schneller.
Konj.　　NS　　　　　　　　　HS

Nach Verben des Sagens, Denkens und Meinens folgen oft **dass**-Sätze. Der **dass**-Satz wird durch ein Komma vom Hauptsatz abgetrennt, z. B.: Sie hofft, **dass** ihr Freund auf sie wartet.

Übungen S. 62–65

Grammatik

Verben

Verben sind Tätigkeitswörter und geben an, was jemand tut oder was geschieht.
Verben bilden verschiedene Zeitformen.

Verben im Präsens verwendest du, um auszudrücken,
- **was man regelmäßig tut**: Sina **füttert** die Kraken sechsmal die Woche.
- **was man jetzt tut**: Sina **füttert** die Kraken jetzt gerade.
Bei vielen Verben bleibt im Präsens der Verbstamm gleich. Es verändern sich nur die Endungen.
Sie richten sich nach der Person. **Zusammengesetzte Verben** können im Satz auseinanderstehen.
einkaufen – im Satz: Er kauft Futter ein.

Verben im Präteritum verwendest du meist, wenn du **schriftlich über etwas berichtest oder erzählst**, was schon vergangen ist.
Auch in Berlin **feierten** zahlreiche Fans den Sieg der Nationalmannschaft.

Verben im Perfekt verwendest du meist, wenn du etwas **mündlich erzählst**, was schon vergangen ist.
Viele Verben bilden das Perfekt mit **haben**: Sie hat gebacken.
Viele Verben bilden das Perfekt mit **sein**: Wir sind gelaufen.

Das Plusquamperfekt verwendest du, wenn du ausdrücken willst, dass etwas
vor einem zurückliegenden Ereignis geschah.
Chaos brach aus, nachdem die Luftbehörden den Luftraum über vielen Ländern **gesperrt hatten**.

Das Futur verwendest du, wenn du über Dinge sprichst, die in der **Zukunft** liegen,
also noch nicht geschehen sind.
Heute Abend **werde** ich ins Kino **gehen**.

Übungen S. 67

Verben im Passiv beschreiben, wenn etwas mit einer Person oder einem Gegenstand getan wird. Die Tätigkeit ist wichtig, nicht, wer sie ausführt. Deshalb wird die handelnde Person im Passiv meist nicht genannt. Das Passiv wird mit einer Form von **werden** und dem **Partizip Perfekt (Partizip II)** gebildet.
Tausend Flüge **werden** gestrichen.

Übungen S. 68–70

Verben im Konjunktiv I drücken unsichere Informationen aus. Auch bei nicht wörtlicher Rede (indirekter Rede) wird der Konjunktiv I verwendet. Dadurch wird deutlich, dass die Aussage nicht wahr sein muss.
Er sagt, er **laufe** jeden Morgen zehn Kilometer.

Verben im Konjunktiv II (Möglichkeitsform des Verbs) drücken aus, dass etwas nicht oder noch nicht Wirklichkeit ist, also z. B. **Möglichkeiten** oder erfüllbare oder nicht erfüllbare **Wünsche**.
Ich **wäre** gerne ein Star.
In Form einer **Frage** drückt der **Konjunktiv II** Aufforderungen oder Bitten höflicher aus als der Imperativ.
Häufig muss man dabei noch das Wort **bitte** ergänzen, z. B.:
Imperativ (Befehlsform): **Sei** leise!　　Frage mit Konjunktiv II: **Würdest du bitte leise sein**?
Der **Konjunktiv II** wird vom Präteritum abgeleitet.

Präteritum:	du hattest	sie blieb	ich fand
Konjunktiv II:	du hättest gern …	sie bliebe bestimmt …	ich fände schön …

Übungen S. 37–38, 71–75

Pronomen

Personalpronomen: Die Personalpronomen **ich, du, er, sie, es, wir, ihr, sie** kannst du für Personen, Lebewesen und Dinge einsetzen: Martin fährt Fahrrad. **Er** fährt schnell.

Possessivpronomen: Die Possessivpronomen **mein/meine, dein/deine, sein/seine, ihr/ihre, unser/unsere, euer/eure, ihr/ihre** zeigen an, wem etwas gehört: Martin leiht mir **sein** Fahrrad.

Relativpronomen: Mit den Relativpronomen **der, die, das / welcher, welche, welches** kann man **Nebensätze** einleiten. Das Relativpronomen **bezieht sich auf ein Nomen** oder **Pronomen** zurück und steht nach einem **Komma**.
Ich lese das Buch, **das** du mir geschenkt hast.

Demonstrativpronomen: Mit den Demonstrativpronomen **dieser, diese, dieses / jener, jene, jenes** kann man auf etwas zeigen oder hinweisen, z. B.:
Seit **jenem** Tag mochte sie **dieses** Lied.

Übungen S. 35, 66, 71, 80

Der Satz

Eine Satzreihe besteht aus mindestens zwei **Hauptsätzen.** Zwei oder mehr Hauptsätze können mit Konjunktionen, z. B. **denn** oder **aber**, verbunden werden.
Eva gibt sich im Praktikum Mühe, **denn** sie verdankt den Praktikumsplatz ihrer Tante.

Ein Satzgefüge besteht aus einem **Hauptsatz** und mindestens einem **Nebensatz.** Der Nebensatz endet mit einer **gebeugten Verbform.** Nebensätze werden mit Konjunktionen eingeleitet (z. B. **weil** oder **obwohl**) und vom Hauptsatz durch Komma getrennt, z. B.: Die Tante freut sich, **weil** sie nur Gutes über Eva hört.

Konjunktionalsätze sind Nebensätze (NS), die mit einer Konjunktion eingeleitet werden, z. B. **als, weil, wenn, obwohl, damit, dass, sodass, solange** und **nachdem**. Sie können **vor** (Spitzenstellung) oder **nach** (Endstellung) dem Hauptsatz (HS) stehen, z. B.: **Obwohl** sie nur Gutes hört, sorgt sich die Tante.

Relativsätze sind **Nebensätze, die sich** meist **auf ein vorangehendes Nomen beziehen.** Sie werden immer vom Hauptsatz durch Komma abgetrennt und durch ein typisches **Relativpronomen** (z. B. **der, die, das**) eingeleitet.
Geografie ist das Schulfach, **das** sich mit der Erde und der Erdoberfläche beschäftigt.

Übungen S. 76–81

Satzglieder und Attribute

Das Subjekt kann eine Person oder eine Sache sein. Mit **Wer?** oder **Was?** fragst du nach dem Subjekt.
Sabine hat Geburtstag. – Wer hat Geburtstag? – Sabine

Das Prädikat sagt etwas darüber aus, was jemand tut oder was geschieht. Mit **Was tut …?** fragst du nach dem Prädikat.
Eric **schenkt** ihr ein Buch. Eric **hat** ihr ein Buch **geschenkt**.

Objekte
Mit **Wen?** oder **Was?** fragst du nach dem **Akkusativobjekt.**
Sabine bringt den Gast zur Tür. – Wen bringt Sabine zur Tür? – Den Gast.
Mit **Wem?** fragst du nach dem **Dativobjekt.**
Sarah gratuliert dem Geburtstagskind. – Wem gratuliert Sarah? – Dem Geburtstagskind.

Adverbiale Bestimmungen
Nach der **adverbialen Bestimmung der Zeit** fragst du mit **Wann?**
Der Spion kam um zehn Uhr. – Wann kam der Spion? – Um zehn Uhr.
Nach der **adverbialen Bestimmung des Ortes** fragst du mit **Wo?, Woher?, Wohin?**
Er traf den Mann am Bahnhof. – Wo traf er den Mann? – Am Bahnhof.
Nach der **adverbialen Bestimmung der Art und Weise** fragst du mit **Wie?**
Die Geldübergabe verlief hektisch. – Wie verlief die Geldübergabe? – Hektisch.
Nach der **adverbialen Bestimmung des Grundes** fragst du mit **Warum?**
Wegen der Eile übersah er ihn. – Warum übersah er ihn? – Wegen der Eile.

Adjektivische Attribute stehen **vor** dem Nomen. Sie antworten auf die Fragen **Welche?, Welcher?**
Heute kommt meine beste Freundin. – Welche Freundin? – Die beste Freundin.

Übungen S. 82–85

Mehr **Wissenswertes auf einen Blick** findest du vorne im Heft und in den Klappen. Öffne die Klappen, um zum Beispiel mit dem **Textknacker** zu arbeiten.